insel taschenbuch 4858
Erling Kagge
Philosophie für Abenteurer

Erling Kagge ist einer der größten Abenteurer unserer Zeit. So hat er seinen Schlitten mit Equipment mehr als 50 Tage lang durch Kälte, Eis und Schnee zum Nord- und zum Südpol hinter sich hergezogen. Es sind besondere Eigenschaften, die es für solche Expeditionen braucht: Ausdauer, Mut und Leidenschaft. Und es sind besondere Erfahrungen, die man dabei macht: wie wichtig es ist, morgens früh aus dem Schlafsack zu kriechen, auch wenn das Thermometer minus 50 Grad zeigt. Wie gut eine Handvoll Rosinen schmeckt, die hier im Eis eine ganze Mahlzeit ersetzen. Wie einfach sich ein Schlitten mit leichtem Gepäck bewegen lässt. Wie sehr die Einsamkeit in der Natur zu innerem Frieden führt. Wie ratsam es ist, das Glück nicht dem Zufall zu überlassen.
Und das Abenteuer des täglichen Lebens? Sind wir hier nicht mit den gleichen Dingen konfrontiert? Absolut, sagt Erling Kagge und zeigt uns in siebzehn bedenkenswerten, praktischen und reich bebilderten Kapiteln, wie wir dieses Abenteuer bestehen können. Damit ein gutes, erfolgreiches Leben gelingt, eines, das uns zu dem führt, was uns wichtig ist.

Erling Kagge, geboren 1963, ist Verleger, Autor, Jurist, Bergsteiger, Kunstsammler, Vater von drei Töchtern und lebt in Oslo. 2017 erschien der *Spiegel*-Bestseller *Stille. Ein Wegweiser* (it 4746). Das Buch wurde in 30 Länder verkauft. Ebenso wie *Gehen. Weiter gehen. Eine Anleitung* (it 4791). Seine Anleitung für angehende Kunstsammler, *Große Kunst für kleines Geld*, erschien 2019.

Ulrich Sonnenberg, geboren 1955, übersetzt aus dem Dänischen und dem Norwegischen, u. a. Hans Christian Andersen, Herman Bang, Erika Fatland, Carsten Jensen und Karl Ove Knausgård. 2013 erhielt er den Übersetzerpreis des Staatlichen Dänischen Kunstrats.

ERLING KAGGE

PHILOSOPHIE FÜR ABENTEURER

AUS DEM NORWEGISCHEN VON
ULRICH SONNENBERG

INSEL VERLAG

Titel der Originalausgabe: *Alt jeg ikke lærte på skolen*
First published by Kagge Forlag AS, Oslo 2019

Erste Auflage 2021
insel taschenbuch 4858

Vertrieb durch den Suhrkamp Taschenbuch Verlag
Umschlagfoto: WerksMedia/iStock by Getty Images, München
Druck: CPI books GmbH, Leck
Printed in Germany
ISBN 978-3-458-68158-8

Für Ingrid, Solveig und Nor

Ceal Floyer
Snow Globe, 2017

Als Nasreddin einen Schulmeister über das aufgewühlte Meer bringen sollte, sagte er etwas, das gegen die grammatikalischen Regeln verstieß.

»Haben Sie denn nie Grammatik studiert?«, fragte der gelehrte Mann.

»Nein.«

»Dann haben Sie Ihr halbes Leben vergeudet.«

Einige Minuten später drehte Nasreddin sich zu seinem Passagier um. »Haben Sie je schwimmen gelernt?«

»Nein. Wieso?«

»Dann haben Sie Ihr ganzes Leben vergeudet, denn wir sinken gerade!«

Inhalt

Hör der Natur zu

Wenn ich unter freiem Himmel friere, gibt es eine einfache Methode, um wieder warm zu werden: Ich ziehe die Kapuze des Anoraks über den Kopf, schließe den Reißverschluss bis zum Hals und erhöhe das Tempo. Kommt die Wärme zurück, erst in den Oberkörper, von dort aus in die Arme bis zu den Handgelenken und zum Schluss bis unter die Fingernägel, bleibe ich stehen, hole eine Mandarine aus meinem Rucksack, schäle sie und sauge langsam den Saft aus, indem ich die einzelnen Mandarinenschiffchen mit der Zunge gegen den Gaumen presse.

Dann komme ich in Kontakt mit dem Menschen, der den Mandarinenbaum gepflanzt hat, mit dem Wasser, das der Baum getrunken hat, mit der Erde, in die sich seine Wurzeln ausgedehnt haben, mit dem Zweig, der die Mandarine von der Befruchtung bis zur Frucht getragen hat, und mit der Sonne, die dazu beigetragen hat, dass die Mandarine reif geworden ist. Dann bin ich dankbar. Dankbar, dass mir wieder warm ist, und dankbar für das Gefühl, mit der Natur in Kontakt zu sein.

Manchmal habe ich das Gefühl, als würde ich nicht denken. Jedenfalls nehme ich selten das Gefühl wahr, dass sich in meinem Kopf etwas bewegt, wenn ich unterwegs bin. Der Kopf befindet sich in einem Dämmerzustand. Hin und wieder aber registriere ich doch etwas. Wenn ich Ski laufe, sehe ich vor mir, wie die Schneekristalle, über die die Skier gleiten, aufgebaut sind; ein kleiner Wassertropfen ist zehn oder zwanzig Kilometer über der Erdoberfläche kristallisiert und hat ein sechseckiges Prisma gebildet, das zu neunzig Prozent aus Wasser besteht, um dann langsam durch die Atmosphäre zu fallen und vor mir auf dem Boden zu landen. Kein Schneekristall gleicht dem andern, und keiner fällt in der gleichen Bahn. Häufig sind sie symmetrisch, bis meine Skier sie zusammendrücken.

Die Natur hat ihre eigene Sprache, ihre eigenen Erfahrungen und ihre eigene Intelligenz, sie erzählt, woher wir kommen und was wir in Zukunft tun müssen. Ich wuchs ohne Fernseher und Auto auf (mein Vater hielt beides für Krankheiten) und verbrachte meine Freizeit im Wald, auf dem Meer und in den Bergen – ich habe die Freude an der Natur also mit der Muttermilch aufgesogen. Heute, wo nahezu jeder den größten Teil der Zeit erreichbar ist – und man viel zu oft am Tag gestört wird –, vergesse ich die Natur häufig vollkommen. Und wenn ich mich umsehe, scheint es, als würden viele Menschen sie tatsächlich ständig vergessen.

Je mehr ich mich von der Natur entferne, je erreichbarer ich werde, desto unruhiger werde ich auch. Und unglücklicher. Ich bin kein Wissenschaftler, aber meiner Erfahrung nach hängen Phänomene wie Unsicherheit, Einsamkeit und Depression damit zusammen, dass die Welt »flacher« wird, wenn wir uns der Natur entfremden. Selbstverständlich lässt sich viel

Freundliches über von Menschen geschaffene Umgebungen und die neuen Technologien sagen, aber unsere Augen, Nasen, Ohren, Zungen, die Haut, das Gehirn, die Hände und Füße sind nicht dafür geschaffen worden, den Weg des geringsten Widerstands zu gehen. Der Erdball ist 4,54 Milliarden Jahre alt, sodass es wohl eher ein Zeichen von Übermut ist, wenn wir der Natur nicht zuhören, sondern blind den Erfindungen des Menschen vertrauen.

2010 überquerten Børge Ousland, der isländische Polgänger Haraldur Ørn Olafsson und ich den Vatnajökull, Islands größten Gletscher. Wir hatten nur leichtes Gepäck dabei und zogen auf unseren Schlitten all das hinter uns her, was wir an Lebensmitteln und Ausrüstung benötigten. Vom Volumen her ist der Vatnajökull Europas größter Gletscher. Er besteht aus dreitausendeinhundert Kubikkilometern Eis und bedeckt achttausendeinhundert Quadratkilometer im Südosten Islands. Wie so oft bei den isländischen Gletschern, liegen unter dem Eis mehrere Vulkane. Als wir über das Eis gingen, brach ein Vulkan des Nachbargletschers Eyjafjallajökull aus. Hunderte von Menschen wurden sofort evakuiert, der Flugverkehr über großen Teilen Europas wurde wegen der Aschewolken eingestellt. Wir waren niemals in Gefahr, aber das Erlebnis machte mir bewusst, dass ein kleiner Vulkanausbruch in einem abgelegenen Teil von Island Konsequenzen für einen ganzen Kontinent haben kann. Größere Vulkanausbrüche können die ganze Welt verändern.

Brauchen wir Katastrophen wie den Vulkanausbruch des Eyjafjallajökull, um an die Erfahrungen und Kräfte der Erde erinnert zu werden – und daran, dass wir ihr zuhören müssen? Ich glaube nicht. Ich glaube, wir haben viele Möglichkeiten, der Natur auf eine friedliche Weise zuzuhören.

Die ersten zwölf Jahre meines Lebens schickten meine Eltern mich bei jedem Wetter ins Freie. Ich glaube, es gefiel mir, als Teenager hatte ich jedoch keine Lust mehr dazu. Ich verlagerte meine Aktivitäten nach drinnen, wollte lieber in geschlossenen Räumen bleiben und feiern. Sieben oder acht Jahre später sehnte ich mich wieder nach der Natur. Ich vermisste den Wald, die Berge und das Meer, ich vermisste es, mich draußen zu verausgaben. Es war eine Sehnsucht, die aus meinem Inneren kam. Ein tiefes Bedürfnis, in nahen Kontakt mit den Elementen zu treten, die nicht von Maschinen erzeugt werden. Sonne, Regen, Kälte, Wind, Dreck und Wasser auf dem Körper zu spüren. Zuzuhören.

Der irische Polarforscher Ernest Shackleton quälte sich länger und fror mehr, als ich es jemals getan habe, aber ich erkenne mich in einigen seiner Gedanken wieder, die er am Ende seines Lebens als Entdecker beschrieb: »Wir haben Gott in seiner ganzen Größe gesehen, wir haben den Text gehört, der der Natur huldigt. Wir haben die nackte Seele des Menschen erreicht.«

Erst nachdem ich an ein paar Expeditionen teilgenommen

habe, fing ich an, mich über die Entscheidungen zu wundern, die ich als Abenteurer getroffen hatte. Manch eine Entscheidung traf ich, nachdem ich nachgedacht hatte, andere, ohne mich umzusehen oder nachzudenken, um so an neue Orte zu gelangen. Was ist der Witz daran, sich zum Äußersten zu zwingen? Und warum – Frostverletzungen, Schmerzen und Hunger sind noch in frischer Erinnerung – wirst du es wieder tun? Kann man aus diesen Erfahrungen etwas lernen? Ich hatte keine klare Antwort, daher entschloss ich mich, darüber zu schreiben – als Versuch, einige Antworten zu finden. Als ich anfing, *Philosophie für Abenteurer* zu schreiben, war ich am meisten von all den Dingen fasziniert, die sich hinter dem Horizont verbargen; weniger von dem, was direkt vor mir lag. Unternahm ich eine Tour, wollte ich weit gehen. Ich hatte noch nicht das Vergnügen von kürzeren Touren entdeckt. Mit drei Töchtern im Teenageralter, einem anstrengenden Beruf und einem zunehmenden Interesse an Kunst fing ich an zu verstehen, dass mein Leben sich allmählich verändert hatte. Ich horchte in mich hinein und schrieb zwei Bücher – *Stille. Ein Wegweiser* und *Gehen. Weiter gehen* – über die Stille in uns.

Seither haben neue Erfahrungen mir zu neuen Perspektiven verholfen. Als Abenteurer habe ich inzwischen gelernt, dass man unterwegs stehen bleiben und sich umsehen muss, um unerwartete Ereignisse oder Wetteränderungen wahrzunehmen. Dieses Buch ist in gewisser Weise ein Versuch, dies zu tun.

Finde deinen eigenen Pol

Ich weiß nicht ganz genau, wann ich anfing, daran zu zweifeln, dass alles möglich ist, dass ich alles schaffen würde, was ich wollte: Weltmeister im Fußball werden, mit einem Boot einmal um die Welt segeln, auf Skiern die Hochebene überqueren, Berge besteigen, leben wie Muhammad Ali, das hübscheste Mädchen der Klasse küssen, ein Humanist wie Albert Schweitzer, Feuerwehrmann, Ministerpräsident oder Müllkutscher werden, zum Mond oder zum Mars fliegen. Wenn ich davon träumte oder daran dachte, konnte ich es tun. In Gedanken ist alles möglich, wenn man es nicht besser weiß.

Als Kind und Jugendlicher war ich nie der Beste in irgendetwas. Ich war nicht besonders gut beim Sport, ich habe ein Jahr später mit der Schule begonnen und gehörte zwölf Jahre hintereinander zu den Schlechtesten der Klasse – und mein Freundeskreis war auch nicht sonderlich groß. Mit hervorstehenden Zähnen, dicken Lippen, Sprachfehler und Schwierigkeiten beim Lesen und Schreiben war ich eine beliebte Zielscheibe, wenn es darum ging, jemanden zu ärgern. Als Kind habe ich nie etwas Außergewöhnliches getan. Aber ich träumte davon. Und ich habe nie aufgehört zu träumen.

Irgendwann wurde mir klar, dass die Möglichkeit, Feuerwehrmann, Fußballer, Astronaut oder Superheld zu werden, außerhalb meiner Reichweite lag. Meine Träume wurden zielgerichteter. 1990 war ich gemeinsam mit Børge Ousland der Erste, der den Nordpol ohne die Hilfe von Schneescootern, Hunden oder Depots erreicht hatte. 1993 war ich der Erste, der allein zum Südpol gegangen war, und im Gegensatz zu den meisten anderen Solo-Expeditionen entschied ich, ohne jeden Kontakt zur Außenwelt aufzubrechen. 1994 bestieg ich den Mount Everest. Damit hatte ich mein Ziel erreicht, der Erste zu sein, der jemals seinen Fuß auf die drei Pole der Erde gesetzt hat. Ohne zu fliegen.

In diesem Buch erzähle ich ein wenig über diese Träume und Gedanken, die mich niemals richtig losgelassen haben: über die erste lange Segelreise, über das Eis, die Berge und die Welt der Kunst.

Von meinem Leben als Vater, Vielleser und Verleger und von Träumen, die sich entwickeln und sich, wenn die Zeit reif ist, entfalten, getrieben von Neugierde und Ehrgeiz.

Es war interessant zu erleben, dass ich, kaum unterwegs zu dem einen oder anderen Ziel, bereits anfing, mir neue Ziele zu setzen, neue interessante Möglichkeiten zu suchen, neue Horizonte zu entdecken. Ich glaube, es fällt mir schwer, mir eine Welt vorzustellen, in der man nicht mehr daran glaubt, dass das meiste noch immer getan und erlebt werden kann.

»Ich würde was auch immer darum geben, wenn ich dasselbe erleben könnte wie du«, sagte jemand zu mir, nachdem ich zum ersten Mal über den Atlantik gesegelt war. Ich war zwanzig Jahre alt, wir waren von Kap Verde vor Westafrika nach Barbados gesegelt, und ich war vom Boot an Land geschwommen und stand zum ersten Mal seit gut zwei Wochen wieder auf festem Boden. Seither haben das viele zu mir gesagt, aber ich glaube nicht, dass es wahr ist, denn würden sie tatsächlich was auch immer darum geben, ihr Ziel zu erreichen, hätten sie es zumindest versucht.

Als ich klein war, bewunderte ich Thor Heyerdahl. Eines der ersten Bücher, das ich las, berichtete von seiner Reise 1947 auf dem Balsafloß Kon-Tiki von Callao in Peru zu den Tuamotu-Inseln in Polynesien. Heyerdahl hatte Angst vor dem Wasser, nachdem er als Kind zwei Mal beinahe ertrunken wäre. Trotzdem hatte er den Traum, den Pazifik auf diesem von Hand gebauten Floß zu überqueren, das eine Kopie vorgeschichtlicher indianischer Flöße war, wie man sie in Peru gebaut hatte. Sechs Männer segelten und trieben einhundertein Tage lang auf der Kon-Tiki nach Westen über den Pazifik, um hcrauszufinden, ob die Besiedlung Polynesiens auf diese Weise stattgefunden haben könnte.

Ich war sehr erfreut und ein wenig überrascht, als ich im Herbst 1994 zu Heyerdahls achtzigstem Geburtstag eingeladen wurde. Ich freute mich darauf, an diesem Ehrentag teilnehmen zu dürfen. Auf dem Fest hielten viele von Heyerdahls alten Freunden Reden. Alle priesen – wie es sich gehörte – den großen Entdecker. Mehrere Redner erzählten, sie hätten einmal die Möglichkeit gehabt, Heyerdahl auf einer Reise zu begleiten, aber aus irgendeinem Grund – Studium,

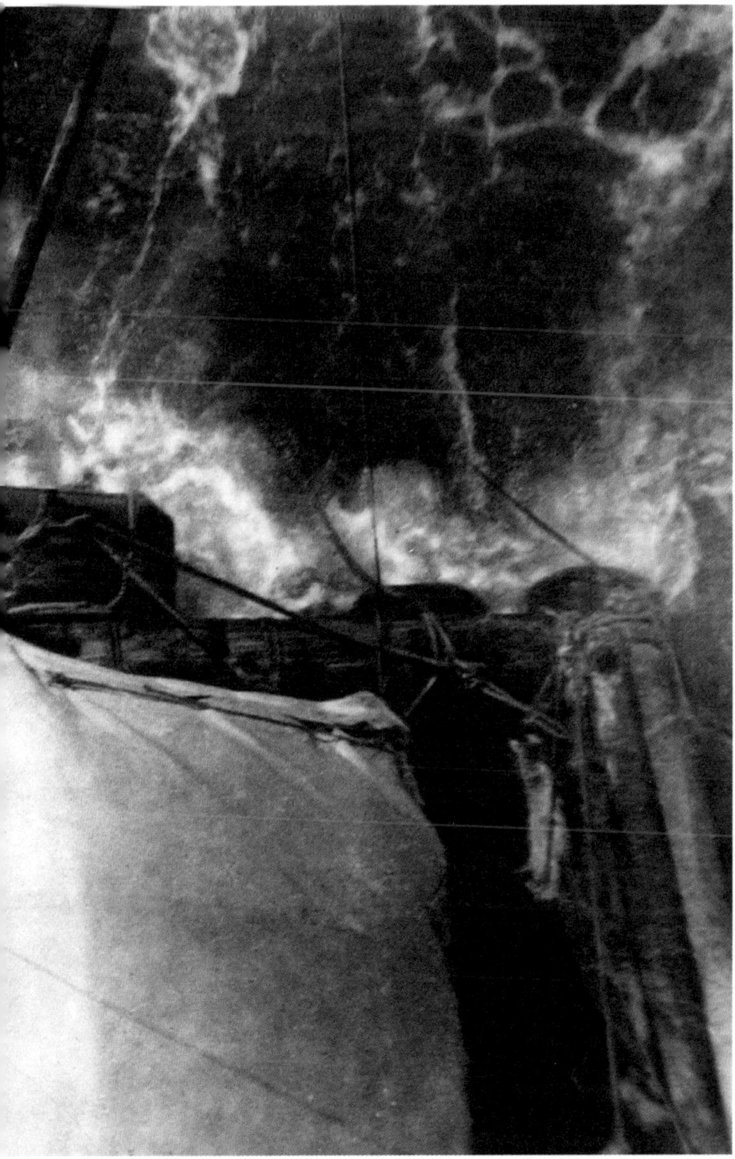

Freundin, Familie, Beruf – waren sie verhindert. Die Reden dauerten lange. Ich sah Heyerdahl an, er lächelte still vor sich hin, und in mir reifte eine Erkenntnis: Ich sagte mir, der entscheidende Unterschied zwischen dir, Thor Heyerdahl, und allen anderen ist, dass du selbst die Entscheidung getroffen hast, dass du sie nicht anderen überlassen hast. Als sich die Möglichkeit für dich ergab, hast du sie ergriffen und erst hinterher an die Konsequenzen und Schwierigkeiten gedacht.

Hatten die Redner es tatsächlich ernst gemeint, wollten sie mit ihm reisen? Vielleicht hatten sie sich so entschieden, weil ihr Umfeld meinte, dass sie sich so entscheiden sollten. Was auch immer der Grund gewesen sein mochte, es sah aus, als bereuten die Redner ihre Entscheidung, auch viele Jahre später noch.

Der Unterschied zwischen Heyerdahl und den anderen war, dass Heyerdahl sich entschieden hatte, seinem eigenen Traum zu folgen, während die Übrigen vielleicht versuchten, dem Traum eines anderen zu folgen.

»Buridans Esel« ist das erste philosophische Paradoxon, an das ich mich erinnere. Die Geschichte handelt von einem Esel, der zwischen zwei Heuballen steht, und zeigt, was geschieht, wenn man sich einer Entscheidung verweigert. Es ist zu beiden Heuballen exakt gleich weit, und der Esel kann sich nicht entscheiden, zu welchem Heuballen er gehen soll, um zu fressen. Die Zeit vergeht, der Esel überlegt und stirbt schließlich den Hungertod zwischen den beiden Heuballen – weil er sich nicht entscheiden kann.

Es bereitet mir eine große Freude, mir Ziele zu setzen. Sie können gern egozentrisch sein, aber es sind meine Ziele – nicht die Heyerdahls, nicht die der Nachbarn oder der Familie. Das werde ich tun! Über den Atlantik segeln. Jemandem helfen, der Hilfe braucht. Eine Flasche Champagner kaufen. Einer Versuchung dankend widerstehen. Ein Buch schreiben. Einen Verlag ins Leben rufen. Rechtsanwalt werden. Eine Familie gründen.

Vielleicht der Südpol? Allein zum Südpol! Für mich war die Entscheidung getroffen, sowie ich den Gedanken gedacht hatte. Dann musste ich mir überlegen, wie das Unternehmen zu bewerkstelligen war. Hätte ich die Reihenfolge umgedreht – hätte ich erst überlegt, ob die Idee überhaupt durchführbar ist, und dann erst entschieden, ob ich sie weiterverfolgen will –, wäre ich nie aufgebrochen. Und ich hätte in diesem Buch kaum über irgendetwas schreiben können.

Manchmal frage ich mich, wo all die anderen Träume und Ambitionen geblieben sind, die ich hatte und nie weiterverfolgt habe. Wo verstecken sie sich? Ich glaube, man muss nicht lange suchen, um sie zu finden. Wie schon so viele vor mir geschrieben haben, fällt es uns weitaus leichter, uns von unseren Träumen zu entfernen, als uns die Träume zu nehmen.

Ich empfehle dir nicht, genau das Gleiche zu tun wie ich, obwohl du vielleicht dazu in der Lage bist. Es waren *meine* Ziele. Meine Hoffnung ist, dass dieses kleine Buch dir helfen kann – unabhängig von Alter und Geschlecht –, deinen eigenen Pol, deinen eigenen Everest, deinen eigenen Traum zu finden.

Es kann unangenehm und auch durchaus riskant sein, seine eigene Welt zu verändern. Aber vielleicht ist es noch riskanter, es nicht zu tun und gar nicht erst herausfinden zu wollen, wie gut sich das Leben anfühlen kann.

Mit der Zeit wirst du vermutlich bereuen, dass du Chancen nicht wahrgenommen und Initiativen nicht ergriffen hast. Bereuen, was du nicht getan hast. Wenn du sagst, etwas ist unmöglich, und ich sage, es ist möglich, haben wir wahrscheinlich beide recht.

Das Wichtigste ist, morgens aufzustehen

Morgens zur richtigen Zeit aufzustehen, ist heute die größte Herausforderung für einen Polgänger, genau wie zu Zeiten von Ernest Shackleton, Roald Amundsen und Fridtjof Nansen. Wenn ich gefragt werde, was draußen auf dem Eis am härtesten ist, kenne ich meine Antwort genau. Herrschen draußen Temperaturen von vierundfünfzig Grad minus, wie wir es zeitweilig am Nordpol erlebt haben, ist es so unsagbar verlockend, in seinem Schlafsack liegen zu bleiben, als herauszukriechen und zu spüren, wie man bis zum Kinn vereist wie einer der Sünder in Dantes neuntem Höllenkreis. Um Gewicht zu sparen, hatten wir auch den Brennstoff rationiert und konnten deshalb unser Zelt nicht heizen, denn uns standen lediglich 0,2 Liter pro Person und Tag zur Verfügung. Außerdem hatten wir keine zusätzliche Unterwäsche dabei, sodass ich mich in den dreiundsechzig Tagen unserer Expedition nicht einmal auszog.

»Dies ist das Härteste, was ich seit meiner Geburt erlebt habe«, schrieb Børge in sein Tagebuch. Unterwegs fanden wir ständig einen Grund, um liegen zu bleiben. Kälte, Müdigkeit und Hunger. Es war auf dem Weg zum Südpol nicht anders. »Vermutlich werden mich viele beneiden – aber trotzdem würden nur wenige mit mir tauschen«, schrieb ich in mein Tagebuch.

In dieser Situation ist der Gedanke ans Aufstehen weit

schlimmer als die eigentliche Handlung. In gewisser Weise ist es wie in einem Film von Hitchcock: Spannend ist nicht, dass es kracht, sondern eher die Vorstellung, dass es gleich passieren wird. Die größte Herausforderung ist – wie in einem guten Horrorfilm – der Aufschub. Aufstehen musste ich. Die Frage war nur, ob ich es fünf Minuten oder fünf Stunden vor mir herschob.

Aus dem Schlafsack zu kriechen, ist nicht nur die größte Herausforderung auf einer Expedition, sondern auch die wichtigste. Danach wird das meiste einfacher.

Es dauerte viele Jahre, bis ich aufhörte, überrascht zu sein, dass es draußen selten so kalt ist, wie es scheint, wenn man im Schlafsack liegt und hört, wie der Wind an der Zeltwand und dem Gestänge rüttelt.

Optimismus ist eine Frage des Trainings

Eine klassische Zen-buddhistische Pilgergeschichte handelt von dem japanischen Ringer O-nami – Große Wellen. O-nami war enorm stark und verstand sich auf die Kunst des Ringens. Beim Training besiegte er sogar seinen Lehrer. Doch vor Publikum wurde er so verzagt, dass seine eigenen Schüler ihn zu Boden werfen konnten. O-nami beschloss, zu einem Zen-Meister zu gehen und ihn um Hilfe zu bitten. Hakuju, ein umherwandernder Lehrer, befand sich gerade in einem kleinen Tempel in der Nähe, also suchte O-nami ihn auf und erzählte von seinen Problemen. »Große Wellen ist dein Name«, erklärte der Lehrer, »also bleib heute Nacht hier im Tempel. Stell dir vor, du bist die Wellen. Du bist nicht länger ein Ringer, der Angst hat. Du bist die gewaltigen Wellen, die alles, was sich ihnen in den Weg stellt, wegfegen und verschlingen. Mach das, und du wirst der größte Ringer des Landes.« Der Lehrer zog sich zurück. O-nami vertiefte sich in den Gedanken und versuchte, sich selbst als Wellen zu sehen. Im Laufe der Nacht wurden die Wellen größer und größer. Sie fegten die Blumen in den Vasen fort. Selbst Buddha in seinem Heiligtum wurde überschwemmt. Vor dem Morgengrauen war der ganze Tempel zu einem gewaltigen Ozean mit Ebbe und Flut geworden. Am Morgen kam der Lehrer und sah, wie O-nami dasaß und mit einem kleinen Lächeln um den Mund meditierte. Er klopfte dem Ringer auf die Schulter. »Nun kann dich nichts mehr stören«, sagte er. »Du bist die Wellen. Du wirst alles vor dir fortfegen.« Noch am selben Tag nahm O-nami an einem Ringkampf teil und gewann. Seither konnte in Japan ihn niemand mehr bezwingen.

Der Kern des Zen-Buddhismus ist Meditation. Es geht um die Kraft des Gedankens. »Es kommt nicht auf die Füße an«, schrieb ich nach dem Marsch zum Nordpol, »die Schlacht wird im Kopf geschlagen.« Wenn der Körper will, es uns aber nicht gelingt, den Kopf folgen zu lassen, ist es schwer, auch nur irgendwohin zu kommen.

Ich erinnere mich, dass ich irgendwann meine damals

achtjährige Tochter Nor fragte, ob sie noch immer glaube, alles erreichen zu können, was sie im Leben wolle. »Ja, aber ich glaube, Solveig« – ihre fünfjährige Schwester – »glaubt es noch mehr als ich«, antwortete sie. Ich wusste nicht genau, wie ich ihr erklären sollte, dass sich nichts geändert hatte, dass es zu früh war, um die eigenen Begrenzungen und die Begrenzungen der Welt zu definieren. Die Schule, die Freunde, die Medien, die Familie und vielleicht auch ich tragen unvermeidlich zu diesem Gefühl der Begrenzung bei, solange wir ständig wiederholen, dass die Träume unrealistisch sind. In ihrem späteren Leben wird Nor ohnehin erfahren, dass sie nicht alles tun kann, was sie will, aber ich glaube, es ist klug, wenn diese Erkenntnis nicht allzu früh kommt.

Naiver Optimismus scheint bei Kindern naturgegeben zu sein. In der Welt des Kindes ist alles unerforscht. Die Welt verändert sich, wir verändern uns, aber ich glaube, Kinder haben recht: Es gibt keine Grenzen. Das schönste Meer wurde noch nicht überquert.

»Den besten Rat, den ich je bekommen habe, gab mir ein Elefantentrainer im Dschungel von Bangalore. Ich war im Dschungel als Tourist. Ich sah die schweren Elefanten, die an einen kleinen Pfosten gebunden waren. Ich fragte ihn: ›Wie kannst du einen so gewaltigen Elefanten an einen so kleinen Pfosten binden?‹ Er antwortete: ›Wenn die Elefanten klein sind, versuchen sie, den Pfosten herauszuziehen und schaffen es nicht. Wenn sie größer werden, versuchen sie gar nicht erst, den Pfahl noch einmal herauszuziehen.«

Vivek Paul

Optimismus ist vereinfacht gesagt die Vorstellung, dass die Dinge sich zum Besseren wenden können oder wenden werden. Das ist selbstverständlich nicht dasselbe wie unvorsichtiges Verhalten. Einige Menschen behaupten, sie sind optimistisch, wenn sie ungeschützten Sex haben, wüste Transaktionen durchführen, gefährliche Autofahrten unternehmen oder ohne die entsprechende Vorbereitung zum Nordpol gehen. Doch das ist kein Optimismus, sondern Dummheit. Der amerikanische Psychologe Martin Seligman plädiert für eine Form, die er *flexible optimism* nennt. Sie geht von einem gewissen Risikofaktor aus und setzt nicht auf blindes Vertrauen in Hinblick auf ein positives Resultat. Wenn die Schwierigkeiten durch wiederholte Fehleinschätzungen überhandnehmen, ist es entschieden an der Zeit, in der Einschätzung des Endresultats etwas Pessimismus walten zu lassen. Wenn aber durch Begeisterung und Optimismus nur wenig zu verlieren ist, dann mach weiter!

Wenn du mitten auf dem Atlantik sinkst, so wie es mir und meinen norwegischen Freunden Hauk Wahl und Arne Saugstad beinahe ergangen wäre, als wir im Winter 1984 von der Karibik nach Sandefjord segelten, hat es keinen Sinn, sich selbst einzureden, dass du das Wasser, das ins Boot läuft, nicht stoppen kannst; dann kannst du ebenso gut gleich aufgeben. Im Büro höre ich mir Bedenken durchaus an und denke darüber nach, aber ich halte mich selten länger als nötig damit auf. Wenn es etwas Konkretes gibt, um die Situation zu drehen, okay, dann tun wir es. Wenn ich das Gefühl habe, im Stich gelassen worden zu sein, oder das Gefühl habe, jemand fühlt sich von mir im Stich gelassen, versuche ich herauszufinden, was vorgefallen ist. Selbstverständlich kann ich immer noch traurig und deprimiert über Kritik sein, aber ich halte mich heute nicht mehr so lange damit auf. Wenn ich genau hinsehe, ist die Welt voller negativer Haltungen. Ich glaube, es lohnt sich, dies alles abzulehnen, einen mentalen Baseballschläger zur Hand zu nehmen und all das Negative fortzuschlagen. Wenn es nicht beim ersten Versuch gelingt, versuche es einfach noch einmal.

Einer der ersten Helden meiner Kindheit war der Engländer Daley Thompson, der zehn Jahre lang der beste Zehnkämpfer der Welt war. Thompson trainierte normalerweise drei Mal am Tag, weil er annahm, dass seine Konkurrenten sich mit zwei Trainingseinheiten pro Tag begnügten. Am ersten Weihnachtstag trainierte er zwei Mal, falls einer seiner Gegner auf die Idee kam, an diesem Tag zumindest ein Mal zu trainieren. Aber er trainierte nicht nur seinen Körper. »Auch wenn ich nur zwei Trainingseinheiten absolvierte, ich wusste, dass ich gewinnen würde.« Und am allerwichtigsten: Er war überzeugt, dass ein durch eine Niederlage erfahrener

Rückschlag nur vorübergehend war. »Ich bin gut, bis das Gegenteil bewiesen ist.« Nach eigener Aussage war Thompsons größter Konkurrent er selbst, deshalb trainierte er immer härter als seine Gegner und wusste, dass er besser vorbereitet war. Dazu kam, dass seine Konkurrenten dies auch wussten – sie wurden pessimistisch. Ich war noch jung, als die Wettkämpfe zwischen Thompson und seinen Gegnern in den 70er Jahren die Sportwelt dominierten, aber auch mir schien irgendwie klar zu sein, dass Thompson gewinnen würde – und sei es nur mit ein paar hundertstel Sekunden Vorsprung. Und das tat er dann auch.

Die Geschichte des großen Kriegers Nobunaga ist eine andere Zen-Geschichte, die zeigt, wie wichtig Optimismus sein kann. Nobunaga griff feindliche Kräfte an, die ihm im Verhältnis zehn zu eins überlegen waren. All seine Soldaten wussten, dass die Chancen miserabel waren. Aber Nobunaga wandte sich an die geistige Welt und bat um Hilfe. Er machte vor einem Shinto-Heiligtum Halt und sagte zu seinen Truppen: »Nach dem Gebet werde ich eine Münze werfen, liegt die Krone oben, werden wir gewinnen, ist es die Zahl, verlieren wir. Alles liegt in des Schicksals Hand.« Er betete schweigend, dann warf er die Münze. Es wurde die Krone und die Soldaten ließen sich von diesem Vorzeichen anfeuern und vernichteten den Feind.

»Niemand kann des Schicksals Hand beeinflussen«, erklärte Nobunagas erster Offizier nachdenklich, nachdem die Schlacht gewonnen war.

»Nein, gewiss nicht«, erwiderte Nobunaga und zeigte ihm die Münze, die er geworfen hatte. Sie zeigte auf beiden Seiten eine Krone.

Karen Kilimnik
Iceberg Ahead!, 2002

Fürchte dich nicht vor deiner eigenen Größe

Ich habe über hundert Länder besucht und bin einer großen Zahl von Menschen begegnet, und ich habe keinen Zweifel, dass die allermeisten von uns sich selbst unterschätzen. Als würden wir uns vor unserer eigenen Größe fürchten und uns damit kleiner machen, als wir sind. Es ist nicht immer offensichtliche Angst, sondern lediglich ein Gedanke, der im Hintergrund lauert und einen Dämpfer auf alles legt. Beinahe so, als hätten wir eine kleine innere Stimme, die uns erzählt, dass es an der Zeit ist aufzugeben, dass es nicht der Mühe wert ist weiterzumachen, dass wir weit genug gekommen sind. Es ist einfach, das Interessante und Spannende zugunsten des Sicheren abzulehnen und zu vergessen, dass jeder von uns zahlreiche Möglichkeiten für neue, positive Erfahrungen hat und Dinge erreichen kann, von denen wir immer geträumt haben.

Größe ist relativ. Ein Bekannter von mir hat Angst, die Briefe mit Rechnungen zu öffnen, die mit der Post kommen. Für ihn ist es eine Leistung, sich der Welt anzupassen und die Übersicht zu behalten, um einen persönlichen Konkurs zu vermeiden. Briefumschläge zu öffnen, hat normalerweise nichts mit Stärke zu tun, für ihn aber schon. Wenn ich an Größe denke, dann meine ich das Potential jedes einzelnen Menschen. Oder die Potentiale. Im Kleinen und – bisweilen – auch im Großen.

Es gibt noch einen anderen Grund für die Furcht so vieler Menschen vor der Größe: Je mehr man zu erreichen versucht, desto wahrscheinlicher ist es, dass man einen Misserfolg riskiert. Die Angst, wie ein Idiot dazustehen, ist möglicherweise die häufigste Ursache, dass wir unsere Träume unter den Teppich kehren. Häufig haben wir das Gefühl, es sei besser, etwas nicht zu tun, als damit zu beginnen und zu scheitern. Wenn sich vor deiner Tür eine Chance zeigt, ist es leichter, die Rollläden herunterzulassen und sie zu ignorieren, als zuzugreifen und eine Niederlage zu riskieren. Ich erinnere mich noch sehr genau an einen Saunabesuch mit dem Kumpel, mit dem ich ein knappes Jahr später zum Nordpol unterwegs war, wir kamen gerade von einer Skitour. Was, fragte ich ihn, würden die Leute wohl sagen, wenn wir scheiterten? Wie würde ich wohl darauf reagieren? »Pfeif drauf!«, war seine unmittelbare Reaktion. Im ersten Moment dachte ich, er würde eine berechtigte Sorge, die mich umtrieb, ein wenig zu barsch abfertigen. Als ich jedoch darüber nachdachte, sah ich allmählich ein, dass ich mich mit solchen Sorgen ebenso gut mit der Fernbedienung aufs Sofa setzen könnte, statt zum Nordpol zu gehen.

Manchmal hat man Angst, sich von der Menge abzuheben, weil man glaubt, dies führe zu Einsamkeit. Ich habe gelesen, dass Freundschaften oft deswegen zu Ende gehen, weil der eine erfolgreicher war als der andere und sich dadurch auf eine unangenehme Weise vor dem anderen auszeichnete. Üblicherweise entscheiden sich die nicht so erfolgreichen Leute dazu, Freundschaften abkühlen zu lassen oder ganz zu beenden. Eine ähnliche Erkenntnis findet sich auf einer von Morrisseys älteren Singles: »We Hate It When Our Friends Become Successful«. Denn eigentlich will er singen: Das hätte ich sein sollen.

Es ist in Ordnung, *ein bisschen* besser zu sein, *ein bisschen* interessanter, aber nicht zu viel. Wirst du zu besonders für deine Umgebung, kann man dir das als Verrat und Selbstausgrenzung ankreiden. Ein Teil des Beitrags, den du bezahlst, um Mitglied in einer Gruppe zu sein, ist die Anpassung, und vielleicht musst du dich auch ein wenig kleiner machen, als du bist, damit sich die Menschen in deiner Umgebung sicher und geborgen fühlen können.

Wir vergessen leicht, dass es andere Möglichkeiten gibt als nur die, mit denen wir jeden Tag konfrontiert sind. Anfang der neunziger Jahre arbeitete ich zwei Jahre als Gerichtsreferendar bei Norsk Hydro. Kurz nach meinem Eintritt in das Unternehmen hatte ich das Gefühl, dass die ganze Firma – oder zumindest ein großer Teil – von mir abhängig war. Ich hielt meine Aufgabe für essentiell. Eine durchaus positive Haltung, aber natürlich vollkommen verrückt. Zu glauben, deine Arbeit sei so ziemlich die wichtigste, hat der britische Philosoph Bertrand Russell als »ein Symptom dafür, dass du dabei bist, einen Nervenzusammenbruch zu bekommen«, bezeichnet. Gleichzeitig spürte ich immer wieder, dass ich von meinem Arbeitgeber abhängig war. Ähnlich wie viele Kollegen erlebte ich meinen Arbeitsplatz als Nabel der Welt. Ich war dabei, mich selbst zu betrügen, und vergaß, dass ich auch eine andere Richtung wählen konnte. Hat man einmal eine aussichtsreiche Karriere als Gesellschaftsrechtler begonnen, kann man davon ausgehen, dass man sich immer mit Gesellschaftsrecht beschäftigen wird. Es endete damit, dass ich kündigte und beschloss, zum Südpol zu gehen. Im darauffolgenden Jahr ging es meinem Arbeitgeber besser als je zuvor.

Es fällt uns so leicht, die falschen Götter zu verehren. Ich glaube, den meisten von uns täte es gut, zwischendurch zumindest über die Alternativen zu all dem Eingefahrenen und Festgeklopften nachzudenken, zu dem die Karrierejagd uns geführt hat. Und wenn wir herausfinden, dass der Weg, den wir gewählt haben, der richtige für uns ist, können wir sagen, wir haben diesen Weg gewählt und nicht umgekehrt. Es könnte aber auch sein, dass wir neue Möglichkeiten entdecken, die sonst an uns vorbeigegangen wären.

Als Fünfzehnjähriger fuhr ich mit dem Fahrrad von Oslo nach Strömstad in Schweden, um ein Mädchen zu besuchen, in das ich verliebt war. Die Strecke ist ungefähr hundertdreißig Kilometer lang, ich brauchte den halben Tag. Dann stand ich vor ihrem Haus – ich erinnere mich noch immer an ihre Adresse, Tallstigen 4 – und zögerte, da mir plötzlich klar würde, dass ich ebenso gut wieder nach Hause fahren könnte. Klingel nicht. Dieses Gefühl überraschte mich ein wenig. Schließlich war sie nicht weniger hübsch als in dem Moment, in dem ich beschloss, zu ihr zu fahren und sie zu besuchen. Jetzt, da ich endlich am Ziel war, verlor ich ganz einfach die Lust, es zu Ende zu bringen. Nicht weil ich das Gefühl hatte, dass der Weg das Wichtigste war, sondern weil ich nicht wagte, das nächste Kapitel aufzuschlagen. Seither habe ich ein ähnliches Verhalten auch bei anderen Menschen gesehen. Ein Freund bekam endlich die Stellung und das Gehalt, das er angestrebt hatte, die Chancen für eine steile Karriere waren groß. Doch anstatt die letzte Distanz in Angriff zu nehmen, pfiff er drauf. Er konnte oder wollte nicht mehr.

In dem italienischen Film *Cinema Paradiso* erzählt Alfredo, ein älterer Mann, die Geschichte von einem Soldaten, der sich in eine Prinzessin verliebt. Der Soldat hatte begriffen, dass ein Mann seines Standes chancenlos war, er gab aber dennoch nicht auf. Eines Tages sagte die Prinzessin zu ihm, wenn er hundert Tage und Nächte vor ihrem Fenster stehen würde, dann würde sie ihn heiraten. Der Soldat stellte sich vor ihr Haus. Die Tage und Wochen vergingen. Er trotzte Regen, Wind, Schnee und Kälte. Am neunzigsten Tag konnte er sich kaum noch auf den Beinen halten, die Tränen liefen ihm über die Wangen, aber er gab nicht auf. Am neunundneunzigsten Tag, als er seine Geliebte beinahe schon gewonnen hatte, gab er auf. Ohne größeres Aufheben verließ er seinen

Platz. Ich habe den Film zusammen mit einer Freundin gesehen. Sie meinte, er hätte aufgegeben, weil er nicht mit der Demütigung hätte leben können, die er durch die Prinzessin erlitten hatte. Ein Freund, der Psychiater ist, glaubte, er hätte seinen Platz verlassen, weil er schließlich wusste, dass er das Ziel erreichen konnte. Vielleicht hat er recht, aber ich denke, er verließ den Platz nach rund zweitausenddreihundert Stunden, weil er nicht auf die Liebe zu setzen wagte – das größte aller Gefühle –, als das Leben mit der Prinzessin nicht länger ein fernes Ziel war. Er gab eine unsichere Zukunft für etwas Vorhersehbares auf. »Die Prinzessin und das halbe Königreich« zu gewinnen – wie es im Märchen heißt –, muss nicht unbedingt der Beginn einer wunderbaren Geschichte sein. Es gibt keine Automatik, dass man »bis ans Ende seiner Tage glücklich« ist. Vielleicht beginnen dann erst die wirklichen Probleme, deshalb enden die Märchen auch genau an dieser Stelle.

Die eigene Größe nicht zu fürchten, hat den Vorteil, dass du aufhören kannst, dich auch bei anderen nicht davor zu fürchten. »Das hätte ich auch machen können«, dachte ich oft, wenn ich hörte, was andere unternommen haben. Vielleicht, aber ich habe es eben nicht getan. Wenn ich über die Gründe grübele, warum diese oder jene Person dies oder jenes geschafft hat, und ich das doch auch hätte schaffen können, habe ich ganz einfach meinem kleinlichen Ich die

Oberhand überlassen. Wenn ich mich schon nicht aufraffen kann, muss ich wenigstens anders darüber denken. Wäre ich klüger, würde ich mich für die betreffende Person freuen und hätte somit ein gutes Gefühl, statt über mich beschämt zu sein. Es ist eine Kunst, die eigene Kleinlichkeit auf Abstand zu halten.

Ich weiß nicht, woher die Gefühle kommen, die uns kleiner machen, als wir sind. Allerdings weiß ich, dass die meisten Jungen oder Männer, die ich kenne, einen Vaterkomplex haben – genau wie ich ihn gegenüber meinem Vater hatte und er gegenüber seinem Vater. Und ich glaube, dass viele unserer Reaktionen als Erwachsene sich mit dem Verhältnis zwischen Vater und Sohn in Verbindung bringen lassen. Vom Alten Testament und dem heimkehrenden verlorenen Sohn angefangen bis hin zum *König der Löwen* ist der Komplex des Sohnes gegenüber dem Vater ein grundlegendes Thema. Wir befinden uns mit anderen Worten in einer zeitlosen Gesellschaft.

Ich liebe meinen Vater, auch wenn er vor und nach jeder meiner Expeditionen mit seinen Zweifeln nicht hinterm Berg hielt. Andere Menschen können sich auch negativ äußern, doch wenn es dein Vater ist, der sagt, »Das schaffst du nie, das ist unmöglich«, dann ist das sehr schmerzhaft. Und mehr als das, ich erinnere mich noch genau, wie sehr ich mir wünschte, dass er stolz auf mich war. Zum ersten Mal gelang es mir, als ich vom Südpol nach Hause kam. Seine Anerkennung bedeutete mir mehr als die Anerkennung, die ich von anderen Menschen bekam. Mit meiner Mutter verhielt es sich anders. Ich hatte stets das Gefühl, dass sie mich liebte, egal, auf welche Ideen ich kam. Sie ängstigte sich und verteidigte mich, wenn jemand meine Projekte kritisierte.

Heute bin ich einige Jahre älter und fange langsam an zu verstehen, dass mein Vater mir mit seiner Kritik und seinen Ermahnungen nicht wehtun wollte. Meine Mutter und er waren wohl eher aufrichtig besorgt, und dazu hatten sie auch gute Gründe: Mich zu erziehen war vermutlich nicht leicht gewesen. Bei meinen Töchtern habe ich versucht, eher ein »Ja, das ist okay«-Vater als ein »Nein, das geht nicht«-Vater zu sein, aber es ist nicht leicht, das richtige Gleichgewicht zu finden. Ich weiß, dass selbst ganz unschuldige negative Kommentare ihre Spuren hinterlassen können. Wenn dir als Kind nachdrücklich erklärt wird, dass du nicht zeichnen kannst, glaubst du gern, dass es das ganze Leben so bleibt.

Ich meine nicht, dass plötzlich jedem die Entscheidung selbst überlassen werden soll, an die eigene Größe zu glauben – auf Kosten von Selbsterkenntnis und Realitätswahrnehmung. Und mit Größe meine ich nicht Überlegenheit. Ich glaube nur, dass es wichtig sein kann, anders über sich selbst zu denken, denn dann öffnen sich Möglichkeiten, das zu tun, was man gern tun will.

Es ist dennoch häufig möglich

»Wir müssen entscheiden zwischen dem, was völlig unmöglich ist und dem, was nur sehr wenig wahrscheinlich ist«, schreibt der Philosoph und Bergsteiger Arne Næss. Nichts ist vollkommen unmöglich, betont er – es wird nur immer weniger wahrscheinlich. Solange du lebst, beruhen alle Möglichkeiten auf einer Art »Möglichkeitsbarometer«, das über eine Skala von 0,1 bis 99,9 Prozent Gewissheit verfügt.

Auf Expeditionen und auch im Alltag ist Næss' Logik eine große Hilfe. Die Geschichte der Polarexpeditionen steckt voller Erzählungen über Menschen, die gegen alle Wahrscheinlichkeit überlebt haben. In der Nacht zum 15. Oktober 1882 rammte das amerikanische Schiff *Polaris* einen Eisberg und havarierte an der Nordwestseite von Grönland. Neunzehn Menschen, darunter fünf Kinder, retteten sich auf eine Eisscholle, und damit befanden sie sich auf einem der unwirtlichsten und stürmischsten Orte der Welt, ohne entsprechende Ausrüstung und ausreichende Lebensmittel. Sechs Monate trieben sie während der kältesten Zeit des Jahres auf der Eisscholle in der Arktis. Alles in allem bewegten sie sich ungefähr dreitausend Kilometer nach Süden. Von Smith Sound an der Küste der Baffininsel bis zur Einfahrt der Hudson Bay, um schließlich bei Labrador am 30. April 1883 gerettet zu werden. Ich war auf meiner Expedition auch in dieser Gegend unterwegs, aber ich war gut vorbereitet, und es fällt mir schwer, mir vorzustellen, wie jemand so viele Monate mit so schlechter Ausrüstung auf einer Eisscholle überleben konnte. Natürlich waren sie kurz vorm Ertrinken, sie hungerten und froren sich beinahe zu Tode, aber sie suchten Schutz in Iglus und ernährten sich von Seehunden, die sie jagten. Als sie schließlich von ein paar Walfängern gerettet wurden, fragte einer von ihnen, ob sie sich etwa auch nachts auf der Eisscholle aufgehalten hätten. Einer der Überlebenden schrieb, dass er in diesem Augenblick zum ersten Mal seit sechs Monaten in schallendes Gelächter ausbrach. Die erste Reaktion der Leute war Ungläubigkeit, zum einen darüber, dass ein so gut ausgerüstetes Schiff wie die *Polaris* havarieren konnte, zum anderen, dass jemand ein halbes Jahr völlig unvorbereitet auf einer Eisscholle überlebte.

Als Geir Randby (der unsere erste Nordpolexpedition initiiert hatte, sich aber in den ersten Tagen verletzte und aufgeben musste), Børge Ousland und ich nach Norden gingen, glaubten die wenigsten, dass wir unser Ziel erreichen würden. Vielleicht schien es auch uns am Anfang unmöglich, doch dann stieg die Wahrscheinlichkeit, dass wir es schaffen konnten, noch während wir uns vorbereiteten.

Bevor ich zum Südpol ging, erklärten einige mich für verrückt, während andere meinten, ich würde unterwegs verrückt werden. Dass ich einmal ein Buch schreiben oder sogar irgendetwas mit einem Buchverlag zu tun haben könnte, hielten meine Lehrer aufgrund meiner Legasthenie und meiner mangelnden Konzentrationsfähigkeit für unmöglich.

Wir leben in einer Zeit, in der sich die Dinge schneller verändern als früher. Auch alles Menschenmögliche. Seit Urzeiten haben die Menschen die Flügel der Vögel betrachtet und vom Fliegen geträumt. Es war vollkommen unmöglich, bis es vor knapp hundert Jahren die richtigen Materialien und neue physikalische Erkenntnisse gab. Laut der Royal Geographical Society und der meisten anderen, die sich mit der Frage beschäftigt hatten, war es unmöglich, die Arktis zu durchqueren, bis Fridtjof Nansen und seine Männer es Mitte der 1890er Jahre taten. Und bis vor kurzem hielt niemand es für möglich, dass ein Mensch einmal zum Mars reisen könnte, doch nun ist es eher eine Frage der Zeit, bis jemand die etwa zweihundertfünfundzwanzig Millionen Kilometer lange Reise antritt.

Der amerikanische Kultfilm *Dogtown and Z-Boys* zeigt das Skateboardmilieu in den siebziger Jahren in Kalifornien, als eine kleine Gruppe von Pionieren den Sport auf den Kopf stellte und austestete, was auf einem Skateboard möglich ist. Tony Alva, einer der Protagonisten des Films: »Wir wussten genau, welche Bewegungen nötig waren, wir wussten nur nicht, ob sie sich durchführen ließen.« Das Problem war, dass die Skater keinen geeigneten Ort fanden, um das umzusetzen, was sie sich ausgedacht hatten. Dann kam es in Kalifornien zu einer enormen Trockenheit, sämtliche Swimmingpools waren plötzlich ohne Wasser. Die Eigentümer der Villen be-

fanden sich im Sommerurlaub und konnten nicht um Erlaubnis gefragt werden. Die Gruppe in Dogtown ging sorgfältig ans Werk und reinigte die ungenutzten Betonpools. Mit ihren soliden Flächen und engen Kurven waren sie fürs Skateboarden perfekt geeignet. Tony Alva, Jay Adams und die anderen konnten endlich ihre Ideen verwirklichen und begründeten damit die weltweite Skateboardkultur. Was vorher nur einer Handvoll junger Leute vorbehalten war, wurde plötzlich zu einer Bewegung, der sich viele anschlossen.

Früher hielt man es nicht für möglich, dass eine einzelne Person durch einen Brief an einen Staatspräsidenten oder einen General die Verhältnisse auf der Welt dramatisch verändern könnte. Eines Tages saß der Engländer Peter Benenson in London in der U-Bahn, den Bowler-Hut auf dem Kopf und den *Daily Telegraph* vor der Nase. Man schrieb das Jahr 1960, und er hatte gerade einen Artikel über zwei Studenten in Portugal gelesen, die verhaftet worden waren, weil sie ihre Meinung gesagt hatten. Es ging ihm durch den Kopf, dass er versuchen könnte, solche Zustände zu ändern. Es war die Geburtsstunde von Amnesty International.

Bereits ein Jahr später hatte die Organisation ihre erfolgreiche Arbeit aufgenommen, und bis zum heutigen Tag konnte Zehntausenden von Menschen geholfen werden. 1975 wurde der Gewerkschafter Julio de Peña Valdez aus der Dominikanischen Republik inhaftiert. Nachdem die ersten zweihundert Briefe im Gefängnis angekommen waren, bekam er seine Kleidung zurück. Nach weiteren zweihundert Briefen wolle der Gefängnisdirektor ihn sprechen. Nach dreitausend Briefen gab der Präsident des Landes klein bei und verlangte seine Freilassung. Amnesty ist heute die größte unabhängige Menschenrechtsorganisation der Welt, und es gibt noch immer unendlich viel zu tun, um Freiheit und Gerechtigkeit zu erreichen.

Den Mount Everest ohne zusätzlichen Sauerstoff zu besteigen, galt als unmöglich, bis der Österreicher Peter Habeler und der Südtiroler Reinhold Messner am 8. Mai 1978 genau das taten. Und da es sich als möglich herausstellte, bestieg Messner den Everest ohne zusätzlichen Sauerstoff auch allein, und ungefähr zweihundert Bergsteiger folgten ihm. Messner ist auch mit dem Deutschen Arved Fuchs auf Skiern über die Antarktis zum Südpol gelaufen. Ich will damit sagen, Habelers und Messners Leistungen wurden als unmöglich angesehen, bis sie bewiesen, dass es möglich war. Um eine eingeführte und trügerische Wahrheit zu widerlegen, braucht es eine Person, die zwischen dem Unmöglichen und dem Unwahrscheinlichen unterscheiden kann. Und vergessen wir nicht den Rat Amelia Earharts, die 1932 allein über den Atlantik flog: »Halte nie jemanden auf, der etwas vorhat, was du für unmöglich hältst.«

Mut lässt sich nicht in einer Thermoskanne aufbewahren

Eines haben die meisten Abenteurer gemeinsam: Wenn wir Herausforderungen und Gefahren suchen, geht es nicht darum, mit dem Tod zu spielen – im Gegenteil. Wir suchen die Gefahr, weil das Erleben von intensiven Situationen und die Fähigkeit, diese Situationen zu meistern, wie eine Bestätigung unserer eigenen Lebensfähigkeit ist.

Ich erinnere mich an die letzten Meter bis zum Gipfel des Everest. Kurz bevor du von der südöstlichen Seite zum letzten Gipfel des Berges kommst, liegt davor noch ein kleinerer Berg. Er wird Südgipfel genannt. Von diesem führt die Route zum Gipfel an einem schmalen Grat aus Eis und Schnee entlang, »The Cornice Traverse«. Er ist höllisch schmal und schwierig zu meistern. Wenn du zum Gipfel kletterst, geht es links ungefähr zweitausend Meter direkt nach Nepal herab. Rechts der Kante sind es um die dreitausend Meter bis nach Tibet. Ich glaube, mit Ausnahme des einen oder anderen Felsens oder Schneebretts hält dich bis ins Tal nichts auf. Einer der Burschen, mit dem ich kletterte, scherzte später, er hätte sich ein wenig links gehalten, als er den Grat bewältigte, denn im Falle eines Absturzes wäre der freie Fall einen Kilometer kürzer gewesen als auf der anderen Seite. Ich lachte über seinen Scherz, aber als ich zwei Tage später – vorsichtig und voller Respekt – die Kante entlangkletterte, dachte ich an nichts anderes, als sicher wieder auf die andere Seite zu kommen.

Ich konnte noch nie aus großen Höhen hinunterschauen. Es wurde auch nicht besser, als ich auf den Everest stieg, obwohl ich aufgrund des Sauerstoffmangels ein wenig dösig war. Einen Teil meiner Angst konnte ich in diesen Wochen überwinden, aber den großen Rest wurde ich nicht los. Die Angst war die ganze Zeit über da. Um mich nicht selbst ins Wanken zu bringen, blickte ich an den steilsten Stellen nicht nach unten. Ich wagte es einfach nicht. Ich sah am Grat entlang nach vorn und achtete bei jedem Schritt genau darauf, wohin ich meine Füße setzte. »Blicke rechts hinunter und dann links hinunter. Beschließe, es nicht wieder zu tun«, schrieb ich in mein Tagebuch. Wenn ich gezwungen war, nach unten zu schauen, blendete ich den Gedanken aus, dass etwas schiefgehen könnte. Ich versuchte, so tapfer wie möglich, den Blick auf irgendetwas zu richten und an etwas ganz anderes zu denken. Ich hatte mit anderen Worten den Mut, den Berg zu besteigen, aber nicht den Mut, öfter als unbedingt nötig hinabzublicken oder mich den Gefahren zu stellen, denen ich mich selbst aussetzte.

Insgesamt ist es nicht leicht, mutig zu sein, und es ist auch nicht leicht zu wissen, was es heißt, mutig zu sein. Woher kommt Mut? Aus der Angst, dem Bedürfnis nach Anerkennung, Dummheit oder Idealismus? Wenn meine Kinder von hohen Zäunen und Bäumen springen, spielen alle drei

Komponenten mit. Mut ist mehr als eine exakt definierte Eigenschaft, die entweder angeboren ist oder nicht. Es ist eine Kraft, die sich allmählich entwickelt, verstärkt oder nachlässt.

Mutig sein bedeutet, dass man eine Vorstellung davon hat, welche Folgen eine bestimmte Handlungsweise haben kann. Daheim hielten uns viele für mutig, weil wir uns freiwillig auf eine Expedition zum Nordpol begaben, wo wir doch wussten, dass die Temperatur zeitweise unter minus fünfzig Grad fallen würde. Auf einer Vortragsreise durch Südostasien gab es kaum Resonanz, wenn ich von solchen Temperaturen sprach, es hatte den Anschein, als würden fünfzig Grad minus den Zuhörern überhaupt nichts sagen. Dann wurde mir klar, dass das Publikum niemals echte Kälte erlebt hatte und sich daher auch nicht von dem Gedanken beeindrucken ließ, jemand könnte minus fünfzig Grad ertragen. Andererseits hat sie schwer beeindruckt, dass ich fünfzig Tage allein zum Südpol unterwegs war, wo sie selbst je kaum mehr als fünfzig Minuten allein waren.

Es ist keine Schande umzudrehen, sagt die achte Regel des norwegischen Verhaltenscodex in den Bergen. Hin und wieder habe ich mich selbst gefragt, ob ich vielleicht deshalb so selten umgekehrt bin, weil ich nicht mutig genug war, es zu tun? Es kann durchaus verlockender sein, sich einer zusätzlichen Gefahr auszusetzen, als zum Objekt von Missbilligung oder Gelächter zu werden. Ich glaube, auf meinen ersten Expeditionen war die Freude, dass all diejenigen irrten, die meinten, ich würde es nicht schaffen, eine wichtige Antriebskraft, um weiterzugehen. Da meine Erfahrungen und die Vernunft seither hoffentlich größer geworden sind, spielt dieser Faktor eine immer kleinere Rolle, glaube ich, aber ich räume gern ein, dass er hin und wieder auftaucht. Das Bedürfnis nach Anerkennung hat in den Jahren abgenommen, ganz verschwunden ist es nicht.

Als ich den Mount Everest bestieg, war ich auf den letzten dreihundert Höhenmetern so erschöpft, dass ich einschlief, wenn ich mich auf meinen Rucksack setzte, um eine Pause zu machen. Der gesunde Menschenverstand in mir versuchte mir klarzumachen, dass ich umdrehen muss. Aber zu diesem Zeitpunkt hatte ich aufgehört, vernünftig zu sein. Ich setzte nur noch einen Fuß vor den anderen, koste es, was es wolle. Ich fühlte mich wie ein Tier und handelte ausschließlich durch meine Instinkte. Es hieß, ich sei an diesem Tag mutig gewesen und hätte durchgehalten. Ich glaube, ich war weder mutig noch feige, ich war nur müde und hatte aufgehört, rational zu denken. Mut setzt Furcht voraus, zumindest Sorge, und dazu hatte ich weder die Kraft noch den Verstand.

Der schwedische Polarforscher Salomon August Andrée wollte 1897 als Erster mit dem Gasballon Ørnen zum Nordpol fliegen. Er wollte sich einfach, so sein Plan, mit dem Wind von Spitzbergen aus nach Norden tragen lassen. Dies war vor der

Zeit der Luftschiffer, und Andrée war vollkommen abhängig von günstigen Wetter- und Windverhältnissen. Kurze Zeit vor seinem Abflug erfuhr er, dass der Wind zwischen Spitzbergen und Nordpol nicht nach Norden wehte, wie er gehofft hatte. Sein Versuch war daher eigentlich von vornherein zum Scheitern verurteilt. Es war eine neue Information, die Fridtjof Nansen mitgebracht hatte, nachdem er von einem ungefähr drei Jahre langen Aufenthalt auf dem Polarmeer (1893-1896) zurückgekehrt war. Andrée musste sich entscheiden, ob er mit Schimpf und Schande und unter Gelächter nach Hause zurückkommen oder gegen besseres Wissen die Reise mit dem Ørnen als standhafter Held antreten sollte. Er hatte nicht den Mut, nach Schweden zurückzukehren, aber er war mutig genug, nach Norden zu fliegen und den Tod zu riskieren. Die Leichen von Andrée und seinen Männern wurden erst 1930 auf Kvitøya östlich von Spitzbergen gefunden. Andrée gilt heute als Held, den schwedischen Schulkindern erzählt man immer noch von seinem einzigartigen Mut. Für mich ist der letzte Mann der Expedition, der damals frisch verheiratete Nils Ekholm, der größere Held. Er entschied sich, die Expedition nicht anzutreten, als er begriff, dass sie für das Vorhaben vermutlich nicht gut genug ausgerüstet waren. Er war sich im Klaren darüber, dass er sich Lächerlichkeit und Hohn aussetzen würde, seiner Frau damit aber Angst und Kummer, finanzielle Probleme und Einsamkeit ersparte.

Eine ähnliche Geschichte findet sich in dem Buch *The*

Mystery of Courage des amerikanischen Schriftstellers und Juraprofessors William Ian Miller. 1914, zu Beginn des Ersten Weltkriegs, wurde ein gemeiner Soldat namens Probert mit seinem Bataillon von den USA über den Atlantik nach Europa abkommandiert, um dort an den Kämpfen teilzunehmen. Das gesamte Bataillon hatte sich freiwillig gemeldet, aber Probert weigerte sich. Als der Oberst ihn zur Rede stellte, erklärte der Soldat: »Ich habe keine Angst, Herr Oberst. Ich will nur nicht erschossen werden. Ich habe eine Frau und Schweine daheim.« Seine Kameraden lachten ihn aus, und der Oberst tat alles, um ihn zu demütigen, und forderte ihn auf, seine Haltung zu ändern – er befahl es ihm sogar. Doch der Soldat änderte seine Meinung nicht. Schließlich gaben die Offiziere auf, der Soldat wurde entlassen. Die offizielle Begründung der Entlassung war nicht der mangelnde Wille, sein Leben zu riskieren, sondern »unterentwickelte Intelligenz«. Die Geschichte endete jedenfalls damit, dass Probert »glücklich und vergnügt zu seiner Frau und seinen Schweinen nach Hause fuhr«.

Wie Nils Ekholm, der Mann, der nicht an Andrées Luftfahrt zum Nordpol teilnehmen wollte, war auch Probert auf seine Weise mutig. Vielleicht hatte er gewusst oder zumindest geahnt, wie einfache Soldaten im Krieg behandelt werden, und wie schwierig das Leben als Witwe sein kann. In meinen Augen zeigte er großen Mut.

Als ich vom Mount Everest zurückkam, sprach Arne Næss von einer beeindruckenden Heldentat und wie sehr es ihm imponiert hätte, dass ich den Gipfel erreichte, noch mutiger aber hätte er es gefunden, wenn ich mein eigenes Ego überwunden hätte, das mich dazu trieb, einen Rekord zu brechen. Wenn ich fünf Meter unter dem Gipfel, das Ziel in Reichweite, umgekehrt wäre. Ich stimmte ihm zu – aber zu spät.

Vor einiger Zeit unterhielt ich mich mit einer Prostituierten in Oslo. Sie erzählte, wie beeindruckt sie wäre, dass ich der Kälte, dem Wind und den Gefahren getrotzt und mein Ziel erreicht hätte. Es war Heiligabend, und ich antwortete ihr, meiner Meinung nach würde sie bei ihrer täglichen Arbeit mehr Mut zeigen, als ich es getan hatte. Im Minirock bei minus zwanzig Grad in Oslo auf den Strich zu gehen, um dann in irgendwelche Autos zu springen und sich unbekannten Männern zu überlassen – das nenne ich mutig. Wir hatten sicher unterschiedliche Gründe für das, was wir taten – Erlebnisse in meinem Fall, Überleben in ihrem –, aber in meinen Augen bewiesen wir beide Mut.

Es war leichter, Mut zu zeigen, als ich den Everest bestieg und im Licht der Öffentlichkeit stand, als wenn ich die Expeditionen ohne jede Außenwahrnehmung durchgeführt hätte. Ich hätte den Everest dennoch bestiegen, aber es ist einfacher, Mut zu beweisen, wenn wir sicher sein können, dafür belohnt zu werden.

Ich bin auf meinen Touren Risiken eingegangen. Und bisweilen war es gefährlich, wenn ich unter rauen Verhältnissen auf See Segel geborgen habe, oder wenn ich über dünnes Eis gelaufen bin. Manchmal war ich mutig, bei anderen Gelegenheiten war ich mir, wie gesagt, kaum darüber im Klaren, was ich tat, und manchmal – zum Beispiel, als Børge und ich von einem hungrigen Eisbären angegriffen wurden – tat ich nur, was getan werden musste, um zu überleben. Es war traurig, einen angreifenden Eisbären erschießen zu müssen, hier war jedoch die Frage, wer wen zum Abendessen haben sollte. Ich bin stolz auf das, was ich erreicht habe, aber was die Sache mit dem Mut betrifft, scheint mir, dass ich mehr Lob bekommen habe, als mir zusteht.

Im Alltag Mut zu zeigen, ist eine ganz andere Herausforderung. Hin und wieder geht mir durch den Kopf, dass ich lieber zwei Mal im Jahr den Everest besteigen würde, als die vielen Dinge zu erleben, mit denen manche Menschen konfrontiert sind, die ganze Ungerechtigkeit und Grausamkeit. Die Verantwortung für die Erziehung von drei Töchtern im Teenageralter zu tragen, ist beängstigender als das Besteigen von so manchem Berggipfel. Es erfordert viel Mut, mit schweren Krankheiten umzugehen, Freundlichkeit zu zeigen, Versprechen zu halten, eine Beziehung zu beenden oder zu lieben und Liebe auszudrücken oder Verrat, Enttäuschung und Sorgen zu ertragen. Der norwegische Psychiater Finn Skårderud hat recht: »Was ist Bungeejumping verglichen mit dem Warten auf den Anruf einer geliebten Person?« Eine Expedition ist hart, solange sie dauert, aber mit den vielen alltäglichen Herausforderungen sind wir unser ganzes Leben lang konfrontiert. Plus und Minus. Sich in all den Myriaden von normalen Situationen im Leben anständig zu verhalten und sich selbst und anderen gegenüber ehrlich zu sein, ist häufig eine größere Herausforderung als eine Expedition, die mit dem Erreichen eines vorherbestimmten geographischen Punkts beendet ist.

Manchmal fällt die Entscheidung schwer, was am meisten Mut erfordert: vorwärts stürmen oder abwarten. Emily Shackleton, Eva Nansen und Kathleen Scott hatten kaum eine Wahl, als ihre Ehemänner sich in die Gewalt des Eises begaben, aber sie zeigten großen Mut, den niemand würdigte, als sie gezwungen waren, ihre Familien allein durchzubringen. Hin und wieder erfordert so etwas mehr Einsatz, als an einer Expedition teilzunehmen. Wenn ein Ehemann nicht zurückkam, nahmen sich die Behörden manchmal der Familie des Helden an, doch meistens blieben die Mütter mit ihren Kindern sich selbst überlassen, oft in tiefster Armut.

Obwohl man nicht immer wissen kann, was es heißt, mutig zu sein, denke ich doch, dass die meisten von uns das Gefühl von Mut erkennen, wenn wir es erleben. Wie Mufasa in *König der Löwen* glaube ich, mutig zu sein, wenn ich es sein muss. Mufasa sieht keinen Sinn darin, sich unnötig Gefahren auszusetzen, er vermeidet sie. Aber wenn das Leben des Sohns bedroht ist, riskiert er sein Leben, um ihn zu retten.

Es erfordert zweifellos größeren Mut, jemanden zu retten, den du nicht kennst, als sich für einen deiner Nächsten und Liebsten einzusetzen. Wenn man sich ins kalte Wasser stürzt, um einen Unbekannten vor dem Ertrinken zu retten, unter großen Gefahren für das eigene Leben, und wenn keiner es sieht, dann zeigt man physischen und moralischen Mut. Ich würde es wohl auch tun, aber sicher kann ich erst sein, wenn ich eines Tages in eine solche Situation kommen sollte.

Das Problem mit dem Mut ist, dass ich ihn nicht einfach in eine Thermoskanne füllen und warm halten kann, bis ich ihn brauche. Ich kann mir nicht einfach ein paar magische Tropfen einflößen, die mich tapfer und mutig werden lassen – ungefähr so wie der Zaubertrank von Asterix. Denn wir *sind* nicht mutig, wir *werden* mutig – genauso wie Feigheit keine angeborene Eigenschaft ist. Mutig zu sein ist jedes Mal wieder eine neue Herausforderung.

Es darf ruhig ein bisschen gefährlich sein

Mut setzt voraus, dass die Herausforderung ein Element der Gefahr enthält. Es ist großartig, für eine NGO oder eine andere Wohltätigkeitsorganisation zu arbeiten, aber das erfordert nicht notwendigerweise Mut. Ein Vorhaben wird erst dann zu einer wirklichen Herausforderung, wenn es das Risiko des Verlusts in sich trägt. Dies gilt im Großen wie im Kleinen. Man riskiert zum Beispiel, sich dem Unverständnis und Hohn anderer Leute auszusetzen oder physischer Gefahr, finanzieller Unsicherheit. Ich erinnere mich an ein Mädchen in der Grundschule, das bei mir einen besonderen Eindruck hinterlassen hat. Sie widersetzte sich sämtlichen Modetrends der Schule und hatte sich für einen recht eigenen Dresscode entschieden, obwohl ihre Eltern mehr als bereit waren, ihr alles Notwendige zu kaufen. Auch heute denke ich noch, dass sie ziemlich mutig war. Gar nicht zu reden von den vielen jungen Leuten, die gemobbt wurden und es dennoch schafften, den Kopf über Wasser zu behalten und jeden Tag in die Schule zu gehen. Kurz gesagt, ein Mensch, der Mut zeigt, muss etwas riskieren. Und um es noch deutlicher zu sagen: Ob man nun auf eine neue Aufgabe im Job verzichtet oder einen Berg besteigt, wir müssen eine Entscheidung treffen, die auf unsere Kosten oder auf die Kosten eines anderen geht. Ist das nicht der Fall, kann man immer noch von einer großen Sache reden, aber mutig ist es nicht.

Die norwegische Gesellschaft hat heute so viele eingebaute Sicherheitsnetze, dass der Kampf ums Dasein nicht mehr dieselben Herausforderungen mit sich bringt wie zu früheren Zeiten. Ein ständig steigender Anteil der Bevölkerung hier im Westen hat alles, was er braucht, der Lebensstandard war nie höher, und immer seltener sind wir Gefahren ausgesetzt. Gleichzeitig, so mein Eindruck, sind die meisten der Ansicht, dass es immer weniger Dinge gibt, für die es sich zu leben lohnt.

Meiner Erfahrung nach hat das Leben in dem Moment einen zusätzlichen Sinn bekommen, wenn ich aus freiem Willen etwas riskiert und den schmalen Weg gewählt habe – indem ich etwas tat oder äußerte. Es ist immer mit einem Risiko behaftet, seinen eigenen Weg zu wählen und Unsicherheiten in Kauf zu nehmen. Gesundheit, Prestige, Geld, unser Selbstbild oder unser Leben können auf dem Spiel stehen. Aber es kann auch gefährlich sein, zu lassen, was man sich vorgenommen hat. Auch langweiliger. Der Traum von einer gefahren- und risikofreien Gesellschaft ist selbstverständlich ebenso alt wie das Leben selbst, und es spricht viel für einen derartigen Traum. Die norwegischen Politiker reden unermüdlich über die Möglichkeit einer solchen Gesellschaft. Ich sage nicht, dass wir nicht danach streben sollten, die Zahl der Unglücksfälle im Alltag zu reduzieren, soweit es möglich ist, aber dennoch: Ohne gewisse Elemente an Unsicherheit wäre das Leben nicht sonderlich amüsant.

Alex Kwartler,
Pink Matterhorn, 2004

Selbst wenn wir alles Menschenmögliche für unsere Sicherheit tun, Unglücksfälle gibt es immer. Die meisten Unfälle passieren zu Hause, es kann aber auch sein, dass du vorher von einer Krankheit oder einem rücksichtslosen Autofahrer erwischt wirst. Das gilt für Polarforscher ebenso wie für Büroangestellte. Die Gefahren sind außerdem relativ. Der Sherpa Tenzing Norgay, der Edmund Hillary 1953 als einer der beiden Ersten auf den Gipfel des Mount Everest begleitete, starb nicht bei einer seiner unzähligen Bergbesteigungen, sondern weil er zu viel rauchte. Tenzing Norgay war klar, um was es ging, als sie sich am 29. Mai um 11:30 Uhr lokaler Zeit dem Gipfel näherten, deshalb ließ er Hillary an sich vorbeigehen und blieb zwei Meter hinter ihm. Absolut der Erste zu sein war sicher wichtiger für einen weißen Neuseeländer als für einen Sherpa, der möglicherweise spürte, dass sein Volk im spirituellen Sinn den Gipfel längst erreicht hatte. Fridtjof Nansen, der Mann, der 1895 am weitesten im Norden gewesen war, schlief friedlich zu Hause in seinem Bett ein. Die letzten Worte, die er schrieb, lauteten: »weiter und weiter nach Norden«. Neil Armstrong starb infolge einer fehlerhaften Behandlung im Krankenhaus. Reinhold Messner gelang es, alle vierzehn Achttausender der Welt zu besteigen und wieder herunterzukommen, dann verletzte er sich schwer bei dem Versuch, in seine eigene Wohnung einzusteigen, weil er den Schlüssel vergessen hatte.

Kurze Etappen auf Expeditionen können hart und ziemlich gefährlich sein, aber dennoch habe ich häufig das Gefühl gehabt, dass das Leben in der Zivilisation genauso tückisch sein kann wie in der Wildnis. Zum Beispiel, wenn ich durch die Stadt ins Büro radele, wenn meine Kinder allein die Fahrbahn überqueren sollen oder wenn ich am späten Abend mit betrunkenen, aggressiven Leuten in einer Taxischlange stehe. Und wenn du den größten Teil deiner Zeit auf dem Sofa verbringst, gehörst du ohnehin zur Risikogruppe für Herzprobleme.

Das Leben ist niemals frei von Gefahren, weder über noch unter der Baumgrenze, aber wenn man sich entscheidet und seinen eigenen Weg wählt, dann ist der Wunsch, einer Gefahr zu trotzen, ein Verlangen an sich. Wäre dies nicht so, könnte man mit dem Hubschrauber fliegen oder sich vom Schneemobil transportieren lassen. Der Moment der Gefahr sollte vor und während einer Expedition eine minimale Rolle spielen, aber fällt sie ganz weg, riskiert man auch nichts.

Man muss etwas wagen, um einen Traum zu realisieren. Sofort gebe ich besser auf mich Acht und konzentriere mich mehr. Als Roald Amundsen starb, fragte sich Fridtjof Nansen, ob Amundsen, der als Erster die Nordwestpassage durchquerte, der als Erster am Südpol und vermutlich auch als Erster am Nordpol war, jemals eine Furcht gekannt hatte, die er besser unterdrückt hätte. Selbstverständlich kannte Amundsen die Angst, genauso wie wir alle. Eine ewige Angst vor dem Versagen, vor den Gefahren, die uns erwarten, davor, nicht respektiert zu werden, kombiniert mit einem anhaltenden Drang, Barrieren einzureißen und nach etwas zu greifen, was außerhalb von ihm selbst war. Und diese Furcht trug nicht nur dazu bei, dass er seine Träume verfolgte, sondern auch dazu, dass er seine weltumspannenden Ziele erreichte.

Ich will die Gefahr auf keinen Fall romantisieren, aber es gibt mir ein gutes Gefühl, wenn ich sie einschätzen und mir von vornherein einen Überblick verschaffen kann, was passieren könnte, um dann zu versuchen, die Situation zu beherrschen. Auf diese Weise kann ich weitgehend selbst bestimmen, wie gefährlich eine Sache werden kann. Ich finde, wenn ich unterwegs bin, auf einer Expedition, immer eine sichere Alternative, wenn ich aufmerksam bleibe. Mit der Zeit werden Gefahren auch ein selbstverständlicher Teil des Alltags. Sie gehören dazu, um eine Reise sinnvoll werden zu lassen, sie werden ein natürlicher Teil des Daseins. Ich glaube, gäbe es diese kleine Unsicherheit nicht, würde ich lieber etwas anderes tun.

Selbstgewählte Risiken und Gefahren sind natürlich Luxusgüter, bisweilen durchaus extrem unangenehm, aber dennoch ein exklusives Gut – unabhängig davon, ob man sie in der Natur erlebt oder an einem anderen Ort. Früher hatten die meisten Norweger mehr als genug damit zu tun, sich selbst und die Ihren am Leben zu erhalten. Ich erinnere mich, wie mein Großvater über das brutale Leben in dem Kinderheim erzählte, in das er mit sechs Jahren gekommen war. Die

Mutter hatte nicht die Mittel, ihn bei sich zu behalten, nachdem mein Urgroßvater im Mittelmeer über Bord gespült worden war. Der Alltag war extrem hart, beim Kampf ums Dasein ging es damals für die meisten darum, sich Lebensmittel, Kleidung, einen Ort zum Wohnen und eine Ausbildung zu beschaffen. Ich stelle mir meinen Großvater immer als jemanden vor, der ordentlich zu tun hatte, um zu überleben.

Bei allem Respekt für Menschen, für die der Alltag ein Kampf ist, glaube ich, dass wir Menschen das Bedürfnis nach Situationen haben, die uns herausfordern, in denen wir spüren, dass wir das Geschenk des Lebens verdienen. Jedenfalls geht es mir so. Es sind noch immer die »Steinzeitgene« in uns. Wenn Gefahren und Herausforderungen auftauchen, lebe ich auf eine ganz andere Weise; sie geben mir einen Sinn, ich spüre, dass ich tatsächlich in meinem eigenen Leben bin. Vergangenheit und Zukunft bedeuten nichts. Das Einzige, was zählt, ist die Situation hier und jetzt. Der Traum vom Lottogewinn, ein tolleres Auto als der Nachbar zu haben oder andere Ambitionen fallen fort. Je mehr das Dasein sich verengt, desto größere Kräfte spüre ich in mir. Daheim in Oslo geht es oft genug darum, möglichst viel mit anderen zu erleben, und ich habe dann das Gefühl, als würde mein Bewusstsein versickern. Auf Expeditionen geht es häufig um das Gegenteil. Mir verschafft die Natur solche Erlebnisse, aber ich glaube, etwas Ähnliches lässt sich nahezu überall erleben.

Der Formel-1-Fahrer Lewis Hamilton berichtet von dem Erlebnis, mit dreihundert Stundenkilometern in eine Kurve zu fahren. Dann blendet er die Welt aus, wird vollkommen ruhig und beobachtet die Konkurrenten, die Teams, die Kurven der Rennbahn wie in einem langsamen Film – er meint, so beobachte eine Fliege uns Menschen. Ich mache ähnliche Erfahrungen, wenn ich bei Unwetter übers Meer segele, aber durchaus auch zu Hause, obgleich es dort vollkommen anders und absolut ungefährlich ist. Wenn ich von einer meiner Töchter umarmt werde, habe ich das Gefühl, als stünde die Zeit still, und mit einem Mal schalte ich alle anderen Gedanken aus.

Bin ich jetzt glücklich?

Hast du dich schon einmal selbst gefragt, ob du glücklich bist? Und dich ernsthaft gefragt, warum du glücklich bist? Ich schon. Und obwohl ich mich glücklich fühlte, als ich mir diese Frage stellte, begann ich doch kurz darauf zu zweifeln.

Ein Mensch, der ein gutes Leben führen will, muss danach streben, sein Potential zu verwirklichen und in Übereinstimmung damit leben, das ist eine der grundlegenden Ideen des Aristoteles. Du sollst nicht nach gewöhnlichen Zielen wie Geld oder Ehre streben. Das gute Leben handelt davon, seine Sinne zu gebrauchen, Wissen zu erlangen, zusammen mit anderen zu leben und aktiv in seinem Streben zu sein, fügt er hinzu. Glücklich wird derjenige sein, dem dies gelingt, um es einfach auszudrücken. Es ist ein bisschen unvorsichtig, den Schluss der *Nikomachischen Ethik* des Aristoteles in so wenigen Sätzen zu referieren, gleichzeitig freue ich mich aber, weil es mich daran erinnert, dass die grundlegenden Gedanken und Herausforderungen dieselben sind, heute wie vor gut zweitausenddreihundert Jahren.

Wenn ich bewusst nach dem Glück suchte, habe ich es nie gefunden. Ich bestreite nicht, dass andere einen übergeordneten Sinn des Lebens finden können, ich habe es nicht geschafft. Meiner Erfahrung nach verändert sich der Sinn des Lebens von Tag zu Tag, von Jahr zu Jahr und von Person zu Person. Eine Herausforderung ist daher, den Sinn des Lebens entlang der Pfade zu finden, für die wir uns entscheiden. Ich habe mich für extreme Reisen in öde Landschaften entschieden, und ich erkenne mich in der Aussage des amerikanischen Solobergsteigers Alex Honnold wieder: »Niemand erreicht etwas Großes, wenn es ihm um Gemütlichkeit und Glück geht.«

Heute verläuft mein Leben anders als zu der Zeit, als ich das Abenteuer suchte. Alles hat seine Zeit, und im physischen Sinn gefährlich zu leben, verlockt mich nicht mehr in derselben Weise wie früher. Das Familienleben und ein interessanter Beruf geben mir einen Sinn, den ich vorher nicht kannte. Dennoch, um ein erfülltes Leben zu führen, muss ich noch immer meine Grenzen erweitern und mich auf die Probe stellen. Viel zu leicht vergesse ich, dass das Leben unter allen Umständen sinnvoll sein kann. Es muss überhaupt nicht um etwas Spektakuläres gehen. Es hängt von mir ab. Eine Tagestour mit den Skiern, Fürsorge anderen gegenüber zeigen, ein gutes Buch lesen, mit meinen Kindern zusammen sein, sich Kunst ansehen, auf der Straße eine Unterhaltung mit einem Fremden beginnen – all so etwas kann ebenso viel Freude und ein ebenso starkes Gefühl auslösen, dass das Leben einen Sinn hat, und nicht nur dann, wenn man an einem Seil unter dem höchsten Gipfel der Welt baumelt. Manchmal scheint mir Letzteres sogar sinnlos, wenn ich es mit allem anderen vergleiche. Ich bin nicht der Erste, der bemerkt, dass es nicht darum geht, den Sinn des Lebens schlechthin zu finden, Sinn steckt in vielen Dingen, wir müssen nur aufmerksam sein gegenüber den Dingen, die tagtäglich und von einem Augenblick zum nächsten passieren.

»Es ist besser, ein unzufriedener Mensch als ein zufriedenes Schwein zu sein, und besser, ein unzufriedener Sokrates zu sein als ein zufriedener Trottel«, schrieb John Stuart Mill (1806-1873). Als ich die Weisheit des englischen Philosophen zum ersten Mal las, war ich ein wenig irritiert über die unverblümte Ausdrucksweise, aber mir gefiel das Dilemma und die Idee, dass ein Erlebnis nicht nur ein Erlebnis ist und ein Erlebnis qualitativ besser sein kann als ein anderes. Es ist ein großer Unterschied, ob man in einen kalten See springt, um sich zu erfrischen oder mit der Absicht, einen anderen Menschen vor dem Ertrinken zu retten. Obwohl beides ein großes Glücksgefühl zur Folge haben kann. Laut Mill ist es besser, selbst zu denken, seine eigenen Entscheidungen zu treffen und sich auf eine vernünftige Weise zur Welt zu verhalten – obwohl du dich ohne diese Fähigkeiten möglicherweise glücklicher fühlst. Dass jemand damit zufrieden ist, ein glücklicher Trottel statt ein unglücklicher Sokrates zu sein, liegt laut Mill daran, dass der Trottel nur eine Seite des Daseins kennt, während der andere beide Seiten kennt. Und wenn du beide Seiten kennst, wirst du dich für die authentischere Seite entscheiden, die laut Mill meist die wertvollere ist. Ich glaube, Mill ist da etwas zu optimistisch. Wir entscheiden uns häufig für die falsche Seite, aber wenn ich an die Abenteurer denke, die ich kenne, würde sich keiner von ihnen für das behaglichere Leben entscheiden, hätte er noch einmal die Wahl – auch wenn man gerade bei minus vierzig Grad in einem Zelt aufwacht.

Es gibt eine wichtige Erfahrung, über die nur ein paar wenige Abenteurer sprechen, vielleicht weil es zu naheliegend ist: Die Zeit dehnt sich, wenn man – egal, ob ein paar Stunden oder einige Tage – so unmittelbar mit der Natur lebt und sich immer weiter verausgabt, indem man einen Fuß vor den anderen setzt, wieder und wieder. Viele Menschen, denen ich in Oslo und anderen Städten begegne, empfinden das Leben als kurz und beklagen sich darüber, vor allem, wenn sie bereits eine Weile auf der Welt sind. Das ist traurig, denn so wie ich es sehe, verwechseln sie ihre Verfassung mit der Art und Weise, wie sie ihre Umgebung wahrnehmen. Den Lauf der Zeit zu spüren, hat weniger mit unserer Verfassung als mit unserem Verhalten zu tun. Macht man jeden Tag das Gleiche, fern der Natur, und füllt die freien Momente mit Bildern und Tönen eines Bildschirms aus, hat man tatsächlich den Eindruck, dass die Zeit schneller vergeht und das Leben nur kurz ist. Wenn wir das Leben als lang empfinden wollen, sollten wir uns mit der Welt um uns herum beschäftigen: mit den Menschen, der Natur, dem Licht, den Tönen, den Farben und Gerüchen.

Vor zweitausend Jahren schrieb der Philosoph Seneca einige kluge Sätze darüber, wie die Zeit gefühlsmäßig oft erlebt wird: »Ihr lebt, als würdet ihr immer leben.« Seneca beschreibt, wie die Menschen durch andere Menschen leben und niemals zum Zentrum ihres eigenen Lebens werden. Wir sind achtlos, wenn es um unsere eigene Lebenszeit geht. Wir wachen über unser Vermögen und unsere Positionen, als sei dies das Wichtigste im Leben, gleichzeitig haben wir ein unbekümmertes Verhältnis zur Zeit, dem Einzigen, was definitiv endlich ist. »Es überstürzt ein jeder sein Leben, leidet an Sehnsucht nach der Zukunft und an Überdruß an der Gegenwart.« Wenn ihr Ende kommt, »so sehen sie, diese Bedauernswerten, zu spät ein, daß sie so lange beschäftigt gewesen sind, ohne doch etwas zu tun«. Das Schreckensszenario für Seneca ist, zu sterben, während man noch seinen eigenen Kontostand kontrolliert und die Erben bereits im Hintergrund stehen und sich freuen.

Erst in den letzten Jahren ist es der Wissenschaft gelungen, die Entwicklung der Gefühle in unserem Kopf zu verfolgen. Im Frontallappen, einem kleinen Bereich ganz vorn im Gehirn, wird in Hundertstelsekunden entschieden, ob eine Situation positiv oder negativ empfunden wird. Danach werden die Signale zur Weiterbearbeitung nach hinten geleitet, unter anderem zur Hirnrinde. Hundert Milliarden winziger Schaltpunkte im Kopf stehen in Verbindung mit anderen

Nervenzellen und werden von Hormonen beeinflusst, die z. B. Gefühle wie Freude, Stress und Optimismus kontrollieren.

Du und ich, wir können das Spiel zwischen den positiven und den negativen Gefühlen beeinflussen, und damit auch das Ergebnis. Einer der Durchbrüche geschah, als die Wissenschaftler im September 2002 bei einem buddhistischen Mönch Minute für Minute die physische Entwicklung im Gehirn verfolgten – man hatte ihm zweihundertsechsundfünfzig dünne Drähte am Kopf befestigt –, der sich nach und nach in eine tiefe Meditation versenkte. Verfolgt werden konnte das Glücksgefühl, das diesen Zustand charakterisiert. Auf dem Bildschirm war zu sehen, dass Teile des Gehirns vor elektrischer Aktivität beinahe knisterten, als der Mönch allmählich in sich selbst versank. Damit wurde klar, so Professor Richard Davidson, einer der Mitglieder der wissenschaftlichen Forschungsgruppe, dass Glück nicht nur ein vages, unbeschreibliches Gefühl ist, sondern »ein physikalischer Zustand« – ein Zustand, den du bewusst hervorrufen kannst.

Die Wissenschaftler haben mit anderen Worten bewiesen, was meditierende Buddhisten seit Jahrhunderten praktizieren: Glück ist ein Zustand, den wir durch eigene Kraft erreichen können, unabhängig davon, was um uns herum geschieht, also vollkommen losgelöst von den Umständen. Teile des Gehirns befinden sich in ständiger Veränderung, und wir können diese Teile umprogrammieren, wenn wir uns intensiv damit beschäftigen. Abgesehen davon, dass die charakteristischen Merkmale des Glücksgefühls analysiert werden konnten, haben die Wissenschaftler festgestellt, dass das, was sie im Gehirn beobachtet haben, auch den Körper beeinflusst – eine Beobachtung, die die meisten, die weit gegangen oder geklettert sind, unterschreiben können.

Manchmal versuche ich herauszufinden, wie glücklich die Menschen sind, denen ich begegne. Im Dezember 2010 kletterte ich mit dem amerikanischen Stadtforscher und Abenteurer Steve Duncan in das mystische Netzwerk von Abwasserrohren, Zug- und Wassertunneln New Yorks, wir wollten die Stadt vom Norden in der Bronx bis zum Atlantik durchqueren, überwiegend unter der Erde. Auf dem Weg durch den West Side Tunnel in Manhattan begegneten wir Brooklyn, einer Frau, die seit 1982 in dem Tunnel gelebt hatte. Ihr Zuhause war eine Zementplattform zwölf Fuß über den Schienen, die sie als ihren »Iglu« bezeichnete. Als Bett diente eine Matratze auf dem Boden, ordentlich bezogen. Ihr Hab und Gut bestand in einem Haufen leerer Flaschen in einer der Ecken. Zeitungsausschnitte mit Fotos von Michael Jackson hingen nebeneinander an der Wand. Sie hatte auch ein Foto von sich als sehr junger Frau, ein richtig hübsches Bild.

Ich fragte sie nach ihrer Auffassung von Glück. Steve und ich hatten Brooklyn schon einmal bei einem Gang durch den Tunnel getroffen, und wir waren einer Meinung, dass sie glücklicher zu sein schien als viele New Yorker, denen wir über der Erdoberfläche begegnet waren. »Wie glücklich bist du auf einer Skala von eins bis zehn?«, fragte ich sie. »Sieben«, antwortete sie und fügte hinzu: »Manchmal acht.« Brooklyn erzählte uns, am glücklichsten wäre sie, wenn sie oben auf der Straße Mülleimer geleert hätte und mit Lebensmitteln, Getränken und Kleidern zurück zum Iglu käme, um ihre Katze zu füttern und mit ihr zu spielen. Und auch, wenn sie Schlager aus den frühen Achtzigern singe, ungefähr aus der Zeit, als sie hierherzog. Sie erklärte: »Es geht darum, das zu schätzen, was man hat.«

Als ich mit meinen Töchtern in Kamuli im Osten Ugandas auf Reisen war, begegneten wir einer Frau, die mit ihrem Ehemann, ihren sieben Kindern und ihren Hühnern in einer Hütte von zwölf Quadratmetern lebte. Es gab drei Betten in der Hütte, aber weder Wasser noch Elektrizität, nicht einmal einen Eimer für die Notdurft. Nachdem sie ein wenig über meine Frage nachgedacht hatte, sagte sie »sieben«, korrigierte sich aber auf »fast acht«. Der Ehemann blieb bei seiner Antwort: »Sieben.« Er hatte zwei Frauen und siebzehn Kinder. In Kamuli gibt es zwei Ernten pro Jahr. Das Ehepaar erzählte, dass sie sich nach der Plackerei bei der Ernte und vor allem, wenn es ein gutes Jahr war, besonders wohl fühlten. Im Laufe unseres dreitägigen Aufenthalts in Kamuli bemerkte meine jüngste Tochter Ingrid, es sei doch merkwürdig, dass die Leute hier so viel glücklicher zu sein schienen als die meisten in Norwegen, obwohl wir doch so reich und sie so arm seien. Wenn ich irgendeinen Norweger – mich selbst eingeschlossen – nach seinem Glücksgefühl auf der Skala von eins bis zehn frage, ist die Antwort vermutlich identisch: sieben, manchmal acht.

Wenn ich vergessen hatte, wie minimal der Abstand zwischen sich glücklich und sich unglücklich fühlen sein kann, so wurde ich jedenfalls mit einundzwanzig Jahren auf dem Segeltörn aus der Karibik daran erinnert. Nördlich der Azoren gerieten wir in unserem fünfunddreißig Fuß langen Segelboot in ein heftiges Unwetter. Die Segel wurden zerfetzt, die Luke vor dem Mast über Bord gespült, das Boot war kurz vorm Sinken. Weil die beste Wasserpumpe, die es in derartigen Situationen gibt, ängstliche Burschen mit Eimern sind, konnten wir das Schiff retten.

Unter solchen Umständen kippt die Stimmung schneller als sonst: Zunächst kam die Verzweiflung, als die Vorderluke über Bord gespült wurde und das Boot Wasser aufnahm, dann die große Freude, als wir es wider Erwarten schafften, die Luke im Meer wiederzufinden und das Boot lenzen konnten. Danach kam die Verzweiflung zurück, als eine Welle das Großsegel buchstäblich zerfetzte, eine Situation, die dadurch verschärft wurde, dass wir keinen Motor hatten, die Toilette verstopft und der Gaskocher kaputt war. Wir lebten von Corned Beef aus der Dose, feuchtem Knäckebrot und rohen Kartoffeln, und wenn wir auf die Toilette mussten, wurde es draußen über der Reling erledigt. Noch nie war ich so erleichtert gewesen, wieder festen Boden unter den Füßen zu haben, wie damals, als wir Brixham erreichten, einen kleinen Fischerhafen in Devon an der Südküste Englands. Zwei Wochen nachdem wir die Azoren hinter uns gelassen hatten, konnten wir zum ersten Mal wieder bei einem Glas sitzen, ohne durchnässt und besorgt zu sein. Nun ist es ja so, dass alle Zustände – die positiven wie die negativen – vorbeigehen. Und die negativen Situationen muss man einfach überstehen.

»Ich bin entweder glücklich oder unglücklich, das ist alles«, schrieb der österreichische Philosoph Ludwig Wittgenstein (1889-1951). Seine Zusammenfassung von Glück stimmt mit unserem Segeltörn aus der Karibik überein. In einem Augenblick fühlt man sich im Himmel, im nächsten ist man in der Hölle.

Der griechische Philosoph Sokrates sprach über die Verbindung zwischen Freude und Schmerz und wie diese beiden Gefühle einander bedingen und sich abwechselnd wecken und jagen. Als Sokrates einmal verhaftet und in Fesseln gelegt wurde, erlebte er am eigenen Leib, dass die Natur uns mit der Fähigkeit versehen hat, Schmerz zu empfinden, um sicherzustellen, dass wir auch ein Gefühl von Wohlbehagen und Schmerzfreiheit empfinden können. Als ihm endlich die Fesseln an den Beinen gelöst wurden und er spürte, wie schwer und schmerzhaft sie gewesen waren, wurde ihm klar, wie schön es war, davon befreit zu sein.

Ich habe kaum ein größeres Wohlbehagen empfunden als auf dem Weg zum Nordpol, wenn ich mich trotz des Frosts und des ewig gleichen täglichen Essens ins Zelt legen konnte, die Wärme spürte, die im Körper aufstieg, und etwas aß, um den schlimmsten Hunger zu dämpfen. Damals wusste ich, dass Sokrates recht hat. Ich hatte keinen Zweifel, dass es mir gutging und ich die beste Mahlzeit zu mir nahm, die ich je gegessen hatte. Und dieser Ansicht bin ich noch immer.

»Freundliche Stunden aber hat ein jeder«, schreibt Hamsun in *Gedämpftes Saitenspiel* und fährt fort: »Ein Gefangener sitzt auf seinem Karren und fährt zum Schafott. Auf dem Sitzbrett quält ihn ein Nagel, er rückt zur Seite und fühlt sich behaglicher.« Aristoteles meinte, ein Leben müsse in seiner Gänze gewürdigt werden. Gelingt es jemandem, sein Potential einzusetzen, so hat er ein glückliches Leben gehabt. Mit anderen Worten, die abschließende Zusammenfassung muss warten, bis das Fazit vorliegt. Ich verstehe diesen Gedankengang, als Abenteurer wie als Familienmensch. Du kannst den Grad des Vollbrachten nicht messen, bevor du nicht das große Bild siehst. Kurzfristiges Glück scheint ein wenig überbewertet zu sein. Ich bin auch nicht immer sicher, dass ich glücklich oder unglücklich bin, wenn ich es glaube. Gleichzeitig gefällt es mir, gelegentlich innezuhalten und mich einfach über den Zustand der Dinge zu freuen. Zum Beispiel wenn die Wärme zurückkommt, nachdem ich bei einer Bergwanderung mit meinen Kindern gefroren habe, oder wenn ich ein gutes Fußballspiel sehe – dann ist das Leben schön und ich fühle mich glücklich.

Die gute Einsamkeit

Ich habe mich in großen Gesellschaften mit vielen Menschen oder in dichtbesiedelten Städten weitaus einsamer gefühlt als mutterseelenallein auf dem Weg zum Südpol.

Weit draußen auf dem Eis, tausend Kilometer von Menschen entfernt, vermisste ich so gut wie nie die Gesellschaft anderer. Zwischendurch vermisste ich Hautkontakt, aber selten mehr. Ich hatte genug mit mir selbst zu tun, dem Naturerlebnis, dem Rhythmus und dem Antrieb, einen Fuß vor den anderen zu setzen. Als ich im Sommer 1986 zum ersten Mal allein in New York war, ohne Geld und ohne irgendjemanden zu kennen, war das Einsamkeitsgefühl erdrückend.

Menschen dicht um sich herum zu haben, kann einen daran erinnern, wie einsam man ist. Auf dem Weg zum Südpol hatte ich keinerlei Kontakt zur Umwelt, und vielleicht habe ich deshalb den menschlichen Kontakt weniger vermisst. Es war eine Befreiung, dass ich mit niemandem über Funk oder Telefon reden konnte. Es hätte schnell dazu kommen können, dass ein Teil von mir in Norwegen geblieben wäre, mir wäre viel von der Antarktis entgangen.

Im Laufe der Reise wurde ich daran erinnert, wie wichtig es ist, dass ich mich ins Zentrum meines eigenen Lebens stelle und mein Leben nicht durch andere lebe. Vergangenheit und Zukunft glitten ineinander und hatten da draußen in der Einöde des Eises kaum noch eine Bedeutung. Es gab nur

die Gegenwart. Keine Fernsehserien, keine Werbung, keine Nachrichten, keine Klatschgeschichten, nichts, worauf man Rücksicht nehmen musste. Nur große weiße Flächen bis zum Horizont. Die Sonne und ein blauer Himmel, vierundzwanzig Stunden am Tag (beinahe jedenfalls). Ein solches Leben erzeugt ein großes Freiheitsgefühl. Die Freiheit, für sich zu sein, und die Freiheit, einen Traum zu verfolgen.

»Einsamkeit ist natürlich kein Gut an sich. Sie wird häufig als Bürde erlebt, aber sie enthält auch ein Potential. Alle Menschen sind einsam, einige mehr als andere, aber niemand entgeht ihr«, sagt der Philosoph Lars F. H. Svendsen, der das Buch *Philosophie der Einsamkeit* geschrieben hat. Viele Religionen und philosophische Systeme haben über Jahrhunderte die Einsamkeit als etwas Positives beschrieben, allerdings halten die meisten Menschen heute Einsamkeit für etwas grundsätzlich Negatives. Für mich geht es ausschließlich darum, wie ich mit der Situation umgehe, wenn ich allein bin, ob ich die Einsamkeit auf eine gute Art und Weise meistere oder ob ich bloß unruhig und ein wenig panisch werde. Wenn ich allein bin, erlebe ich die ersten Stunden und Tage oft mit einer gewissen Unruhe. Wenn ich das aushalte, ohne mir Gesellschaft suchen zu müssen oder über Vergangenheit und Zukunft zu grübeln, überkommt mich nach einer Weile ein Gefühl der Ruhe, sodass ich die Zeit mit mir allein genießen kann.

Als Kind war ich nicht gern allein. Das hieß nämlich, dass niemand mit mir spielen wollte, das Alleinsein empfand ich als eine Form von Niederlage. Ein Gefühl der Geborgenheit entwickelte sich mit anderen Menschen – gern vielen Menschen auf einmal und am liebsten gleichaltrigen Menschen. Das Leben wurde in vieler Hinsicht durch andere gelebt, und im Grunde war es auch nicht sonderlich dramatisch. Das Bedürfnis nach Beisammensein und Anerkennung durch andere ist grundlegend menschlich. Ich habe auch gute Erinnerungen an diese Zeit, an Freunde aus der Nachbarschaft, mit denen ich Ball spielte oder in den Wald ging. Das Problem war nur, dass ich das Gefühl hatte, häufig gegen meinen Willen allein zu sein. Ich wusste die Zeit des Alleinseins nicht zu nutzen. Auf dem Weg zum Südpol und auf anderen Reisen begann ich zu überlegen, ob ich diese Gesellschaft brauchte, weil ich Angst vor dem Alleinsein hatte.

Der französische Philosoph und Theoretiker der Langeweile Blaise Pascal schrieb im 17. Jahrhundert über die zentrifugale Kraft des Menschen. Wir sind bereit, so gut wie alles zu tun, um nicht an unsere eigene Geringfügigkeit in der Welt erinnert zu werden, und die einfachste Lösung ist, so aktiv wie möglich zu sein, sodass uns keine Zeit bleibt, innezuhalten und nachzudenken. Der Mensch ist laut Pascal die einzige Schöpfung im Universum, die im Stande ist, die eigene Situation zu erfassen. Ich hatte Pascal nicht gelesen, als ich zum Südpol ging, aber seine Beschreibung gleicht sehr der Erkenntnis, zu der ich unterwegs gekommen bin: Mein Wunsch nach Gesellschaft war auch eine Flucht vor mir selbst. Es war eine wichtige Erkenntnis.

Als ich zum Südpol kam, wurde ich gefragt, ob ich unterwegs viel gelernt hätte. Ich antwortete darauf mit einem entschiedenen Ja. Der Journalist fragte dann, was ich gelernt hätte. Auf diese Frage hatte ich keine eindeutige Antwort. Nicht, dass ich Zweifel gehabt hätte, ob diese fünfzig Tage die lehrreichsten meines Lebens waren, aber man kann nicht jede Erkenntnis sofort in Worte fassen, außerdem hatte die Reise für mich begonnen, lange bevor ich in die Antarktis kam. Und sie ist noch immer nicht zu Ende. Heute, mehrere Jahre danach, habe ich noch nicht alle Antworten darauf, was ich in den Tagen und Nächten auf dem Eis gelernt habe. Aber in dieser Periode meines Lebens lernte ich, dass es eine andere Art und Weise des Lebens gab, als ich es bisher geführt hatte. Das ist mir heute bewusst. Es ist nicht gefährlich, allein und auf unbestimmte Zeit sich selbst überlassen zu sein. Eher im Gegenteil.

Als ich nach Hause kam, setzte ich mein Leben beinahe wie zuvor fort. Die Rechnungen mussten bezahlt und die Kleider gewaschen werden, und als die Waschmaschine kaputtging, musste ich sie reparieren. Der Unterschied war nur, dass ich mit größerer Sicherheit sagen konnte, was in meinem Leben wichtig ist. Ich konnte schneller unterscheiden zwischen den bedeutenden und den weniger bedeutenden Dingen, zwischen den Menschen, die für mich wichtig sind, und denen, die es nicht sind. Ich wusste, dass ich hin und wieder allein sein musste, sonst könnte ich schnell vergessen, wer ich war.

Ich habe nicht die Absicht, in die Antarktis zurückzukehren, um dort den Rest meines Lebens allein zu verbringen. Dafür bin ich viel zu glücklich mit meiner Familie, mit meinen Freunden, der Kunst, dem Meer, dem Wald und den Bergen. Egal, welchen Philosophen oder Denker in der Geschichte du fragst, wie er über das Bedürfnis des Menschen nach Gesellschaft denkt – die Antwort ist immer dieselbe: Allein zu leben ist nichts für uns. Wir sind abhängig voneinander.

Es ist gut zu wissen, dass ich mich in meiner eigenen Gesellschaft wohl fühle und eingesehen habe, dass Einsamkeit mir hin und wieder guttut. Dann entferne ich mich von anderen Menschen und gehe in die Natur, in die Berge, in den Wald oder auf See, dort finde ich die Zeit, um über Herausforderungen, Freuden und Sorgen nachzudenken. Und wenn ich spüre, dass ich das Leben daheim vermisse, weiß ich die Familie und Freunde wertzuschätzen, und ich stelle fest, wie wichtig sie sind. Ich erlebe es auch, dass die Einsamkeit meine Neugierde auf Menschen steigert – nicht nur auf diejenigen, denen ich nahestehe, sondern auch auf Menschen, die ich nicht kenne. Die Einsamkeit bringt mich dazu, mehr zuzuhören, andere zu respektieren und mich aufrichtig für ihre Freuden und ihre Sorgen zu interessieren.

Die Kunst, kleine Häppchen zu essen

Zu viel des Guten ist nicht immer nur gut, sondern manchmal einfach zu viel. »Zu Hause esse ich gern große Portionen. Hier unten lerne ich, die kleinen Freuden zu schätzen. Die Farbnuancen im Schnee. Den Wind, der sich legt. Etwas Warmes zu trinken. Die Wolkenformationen«, schrieb ich auf dem Weg zum Südpol am zweiundzwanzigsten Tag in mein Tagebuch. Im Laufe der drei Wochen hatte ich keinerlei Lebenszeichen wahrgenommen, nichts gehört oder gesehen, kein Tier und kein Flugzeug. Ich hatte ungefähr fünfhundert Kilometer zurückgelegt und noch circa achthundert Kilometer vor mir. Als ich aufbrach, hatte ich das Gefühl, alles um mich herum sei bis zum Horizont vollkommen flach und ganz weiß. Und über dem Horizont war es blau. Nach und nach begann ich, die Dinge anders zu sehen. Der Schnee und das Eis waren nicht länger nur weiß, sondern bestanden aus unzähligen Varianten von Weiß, mit kleinen gelben, blauen und grünen Schimmern. Langsam, aber sicher fiel mir jetzt auf, dass das Flache auch Variationen aufwies – kleine Formationen, die bei näherem Hinschauen wie Kunstwerke aussahen, mit Farbnuancen, die es wert waren, einen Moment bei ihnen zu verweilen.

»Es ist ein klarer Tag. Die Größe der Landschaft und die Farben im Schnee machen mich glücklich. Auch die Ebene ist schön, nicht nur die Berge. Blau ist die Farbe der Poesie,

Weiß die der Reinheit, Rot ist die Farbe der Liebe und Grün die der Hoffnung, dachte ich bisher. Aber hier scheint eine derartige Einteilung nicht naturgegeben zu sein. Hier stehen alle Farben für Poesie, Reinheit, Liebe und Hoffnung. Und morgen können Blau und Weiß für Sturm und Frost stehen.«

Die Art und Weise, wie wir unsere Umgebung erfahren, kann sich mit der Zeit verstärken, obwohl sie sich physisch nicht nennenswert verändert. Die Dinge ändern sich im Kopf. »Man sieht hieraus auch, daß die wahre Erhabenheit nur im Gemüte des Urteilenden, nicht in dem Naturobjekte, dessen Beurteilung diese Stimmung desselben veranlaßt, müsse gesucht werden«, schrieb Immanuel Kant. Er war kein Philosoph, der für sein Naturgefühl bekannt ist. Dennoch deckt sich seine Beobachtung mit meinen Erfahrungen. Das Schöne gehört zur Natur, aber damit unsere Umgebungen nicht nur schön sind, sondern zum Erhabenen erhoben werden, muss in unserem Kopf eine Verwandlung stattfinden, nicht in dem Objekt unserer Betrachtung. Was zu Beginn des Marsches zum Südpol schön war, wurde – je mehr ich mich in meine Umgebung einlebte – zunehmend zu einem erhabenen Erlebnis. Ein Berg am Horizont, der Wind, ein Schneekristall, eine Eisformation.

Die Stille in der Antarktis ist kraftvoller und deutlicher zu hören und zu spüren als die allermeisten Geräusche. Die Stille hat ihre eigene Sprache. Zu Hause ist ständig ein Radio an,

ein Telefon vibriert oder klingelt, ein Auto fährt vorbei. Alles in allem gibt es so viele Geräusche, dass ich sie kaum noch höre. Sie sind einfach da, als ein Teil des Bewusstseins. Wenn es in der Antarktis nicht stürmte, war die Stille weitaus kräftiger als die Geräusche daheim. Am sechsundzwanzigsten Tag notierte ich in meinem Tagebuch: »Hier verschluckt die Stille alles. Fühle und höre sie. In dieser unendlichen Landschaft scheint alles ewig und grenzenlos zu sein. Der lautlose Raum wird nicht als bedrohlich oder erschreckend empfunden, sondern als beruhigend.« Zu Hause nehme ich kaum wahr, was um mich herum geschieht, aber dort wurde ich nach und nach so von der Natur vereinnahmt, dass die Stille ein Teil von mir wurde, dem ich zuhören konnte.

Sowie ich die Energie dazu aufbrachte, entdeckte ich jeden Tag etwas Neues. Ich war vollkommen isoliert von allem, was sich jenseits des Horizonts befand, sodass die nähere Umgebung das Einzige war, wozu ich mich verhalten konnte. Im Laufe der Wochen wurden die Natureindrücke immer stärker. Nach und nach erarbeitete ich mir einen Dialog mit der Umgebung. Einen Dialog, der davon abhängig war, was ich dazu beitrug und was ich in mir aufnehmen konnte. Nicht ein Dialog im üblichen Sinn, aber dennoch ein Austausch, bei dem ich Gedanken aussandte und neue Ideen zurückbekam. Gegen Ende der Tour, an Silvester, schrieb ich ins Tagebuch:

»Obwohl ich meine eigene Kleinheit im Verhältnis zur Natur spürte, habe ich doch auch manchmal eine innere Größe empfunden. Ich habe Furcht und Freude erfahren, Erleichterung und Enttäuschung, Schönheit und Schmerz, ich habe Fragen gestellt und einige Antworten gefunden, habe die Nähe zu den Elementen gespürt, etwas von mir gegeben und etwas bekommen, ich habe mich über physische Anstrengungen gefreut und wurde in meinem Glauben bestärkt, dass es noch immer Herausforderungen und Träume gibt, die es wert sind, dass man alles gibt.

Obwohl die großen Wahrheiten sich mir nicht offenbart haben, verstehe ich, dass der Aufenthalt in der Einöde entscheidende Bedeutung für einige historische Anführer wie Jesus und Buddha hatte. Hier kann man Dinge erleben, die sich auf andere Weise nicht erfahren lassen.«

Wenn ich zurückdenke, ist es die Nähe zur Natur, die den größten Eindruck in den fünfzig Tagen hinterließ, die ich allein in der Antarktis war. Manchmal sind Kultur und Natur Gegensätze, aber nicht auf einer solchen Reise. Meine Fantasien und meine Sprache waren gute Werkzeuge, die ich nutzen konnte, um mich näher an die Natur zu binden, anstatt mich von ihr zu entfernen. Ich wurde im Laufe der Tour ein Teil des Eises, des Schnees und des Windes und die Natur nach und nach ein Teil von mir. Bis dahin hatte sich der größte Teil meines Lebens auf die großen Momente konzentriert, nicht auf die scheinbar kleinen. Ich hatte als ein Verbraucher von Produkten gelebt. Auch bei Gefühlen und Zeit geht es häufig darum, einen möglichst großen Nutzen aus einem möglichst geringen Einsatz zu ziehen. Auf Expeditionen ist es oft genug andersherum. Auf dem Eis oder auf See, in den Bergen und im Wald lernte ich, dass weniger mehr sein kann. Ich musste weit reisen, um zu verstehen, dass ein bisschen gut schmeckt und noch weniger noch besser.

Vielleicht kam ich im Alter von dreißig Jahren ein bisschen spät zu dieser Erkenntnis? Ich erinnere mich, dass ich als kleiner Junge ein kleines Stück Kuchen mehr genießen konnte als eine Riesenportion, aber daraus hatte ich nie Konsequenzen gezogen. Jeder weitere Bissen schmeckte nicht mehr so gut wie der vorherige, und wenn ich mehr als genug aß, wurde mir übel. Ökonomen nennen dieses Phänomen wohl Grenznutzen. Bei der nächsten Gelegenheit schaufelte ich natürlich wieder so viel Kuchen wie möglich in mich hinein. Gab es aber nur ein kleines Stück, aß ich es mit Genuss.

Bisweilen glaube ich noch immer, dass es vernünftig sein könnte, den ganzen Kuchen zu nehmen, aber ich bin froh, dass ich die Freude kennengelernt habe, kleine Häppchen zu genießen.

In der Architektur hat man längst etwas Ähnliches erkannt. *Less is more* ist ein Prinzip, das dem deutschen Architekten Mies van der Rohe zugeschrieben wird. Es ist ein wenig ungerecht, denn der Begriff war in deutschen Architektenkreisen längst bekannt, bevor van der Rohe ihn für sich reklamieren konnte. Aber er gehörte zu den Architekten, die wirklich konsequent dieser Philosophie folgten, er wurde damit zu einer bahnbrechenden Kraft in der modernen Architektur. Er zeigte, dass mehr von etwas Gutem auch in der Architektur nicht notwendigerweise das Bessere ist. Die Funktionalität und Schönheit der Objekte sollte durch das Weglassen einzelner Elemente hervortreten. Der Eindruck einer Ganzheitlichkeit wurde verstärkt, indem weniger Elemente eingesetzt wurden. In der Architektur kann man nicht immer von einem allmählich nachlassenden Grenznutzen sprechen. Bei einem Gebäude kann eine winzige Übertreibung den Gesamteindruck zerstören.

In der Antarktis hatte ich jederzeit die Freiheit der Wahl. Ungefähr so wie daheim. Aber im Gegensatz zum Leben in der Zivilisation war die Anzahl der Wahlmöglichkeiten sehr begrenzt. Im Zelt versuchte ich, mindestens zwei Dinge gleichzeitig zu tun, um Zeit zu sparen. Eis schmelzen und Socken stopfen, beim Essen lesen und so weiter. Im Grunde waren alle Aufgaben routinegeprägt und übersichtlich. Mehr war nicht zu entscheiden, an mehr musste nicht gedacht werden. Insgesamt war ich ziemlich effektiv auf dem Eis und erledigte, was ich im Laufe des Tages zu erledigen hatte.

Zu Hause gefällt es mir, wenn ich unter möglichst vielen Dingen wählen und beinahe jederzeit ansprechbar sein kann: Ich checke das Telefon, helfe den Kindern bei den Hausaufgaben, koche, begutachte Prospekte – alles mehr oder weniger gleichzeitig. Je eingespannter ich bin, desto mehr habe ich

den Eindruck, etwas vom Leben zu haben. Logischerweise handelt es sich hier nicht um einen verrückten Umkehrschluss. Das Problem ist, dass es einen auch einschränken kann, wenn sich zu viele Wahlmöglichkeiten und zu viele Aufgaben vor einem auftun. Es ist schön, zum Frühstück zwischen drei Marmeladensorten wählen zu können, aber ist es nicht auch ein bisschen übertrieben und verschwenderisch? Auf den Expeditionen habe ich eine solche Auswahl jedenfalls nicht vermisst, ich aß jeden Tag das Gleiche – getrocknetes Fleisch, Schokolade mit zusätzlichen Kalorien, Honig, Trockenfrüchte, Milch in Pulverform, Haferbrei und Hafersuppe – und ich fand, ich hatte mir jede dieser Mahlzeiten verdient. Je erschöpfter ich war, desto besser schmeckten die Dinge. Wenn es nicht zu kalt war, versuchte ich jeden Abend ein bisschen zu lesen. Um Gewicht zu sparen, mussten die Bücher so viele Gedanken und Ideen wie möglich pro Gramm enthalten. Danach führte ich die Buchseiten einer Zweitverwertung als Toilettenpapier zu. Vom Eis aus betrachtet, besteht das Geheimnis eines guten Lebens darin, sich über die einfachen Dinge zu freuen.

Ich habe nicht vor, mein Leben zu Hause ebenso einfach zu gestalten. Genauso wenig plädiere ich für eine grenzenlose Auswahl. Es geht um die paar Optionen, die es braucht, um die Auswahl zu treffen, die für mich am besten ist. Es dürfen nicht zu viele Wahlmöglichkeiten sein, ich muss die Vor- und Nachteile jeder einzelnen Entscheidung noch einschätzen können. Ob man nun gar keine Wahl hat oder mit einem Überfluss an Möglichkeiten konfrontiert ist, macht keinen großen Unterschied. In beiden Fällen reagiere ich hilflos – und im Zweifelsfall ziehe ich es vor, überhaupt keine Wahl zu haben. In jedem Fall bin ich dann ganz sicher frustriert, aber wenn ich die Wahl habe und mich falsch entscheide, muss ich sowohl die Frustration wie die Reue ertragen.

Am achten Tag auf dem Weg zum Südpol bemerkte ich, dass die Hafersuppe einen ranzigen Geschmack hatte. Ich hatte Angst, krank zu werden, und goss sie weg. Ins Tagebuch schrieb ich:

»Sehe auf den Schnee vor mir. Die Suppe hat sich durch den Schnee gefressen. Die Hafergrütze und die getrockneten Aprikosen liegen obenauf. Bringe es nicht übers Herz, die Aprikosen liegen zu lassen. Ziehe den rechten Fäustling aus und picke eine nach der anderen auf. Es ist eine mühsame und kalte Tätigkeit. Stopfe sie mir in den Mund. Ziehe den Fäustling wieder an. Ein wenig von dem süßen Geschmack ist wieder da, ich genieße es.« Ich kann mich noch immer an den Geschmack und das Gefühl der Aprikosen in meinem Mund erinnern, zweifellos waren es die besten Aprikosen, die ich je gegessen habe.

Ich werde meinen Kindern nicht weismachen, dass ihr Leben schöner wäre, wenn sie zum Frühstück ein paar gefrorene Aprikosen essen würden. Aber trotzdem hoffe ich, sie leben nicht in dem Glauben, dass das Leben erst dann richtig gut ist, wenn jede Mahlzeit ein Fest ist. Oder es klug ist, in der Wohnung zu sitzen und sich die Welt am Bildschirm zu betrachten, anstatt draußen zu sein und sich an der Welt zu beteiligen. Wenn sie mich fragen würden, wie sie das Gleichgewicht zwischen den großen und den kleinen Portionen des Lebens finden können, ich könnte ihnen keine endgültige Antwort geben. Die goldene Mitte erleben wir selten, unsere Ziele können am nächsten Tag schon ganz andere sein, aber ich glaube, es ist gut, sie dennoch zu verfolgen.

Ich erinnere mich an einen Weihnachtsabend, meine Tochter Solveig war fünf Jahre alt, und nachdem sie alle Geschenke ausgepackt hatte, sah sie mich an und sagte: »Papa, jetzt habe ich alles, was ich im Leben brauche.« An diesem Abend dachte ich, dass die ganze Familie etwas von Solveig lernen könnte. Das Leben fühlt sich reicher an, wenn wir hin und wieder eine solche Haltung einnehmen.

Manchmal erwische ich mich dabei, von einem Leben auf dem Eis zu träumen, es handelt sich nicht um eine romantische, naive Vorstellung, ich stelle es mir wirklich vor. Denn ich habe keinen Zweifel, dass das Leben dort draußen in seiner Einfachheit ein ungewöhnlich reiches Leben ist. Auf dem Eis unterwegs, meinte ich so gut wie alles zu haben, was es zum Leben braucht, und ich war der reichste Mann auf der ganzen Welt, obwohl ich niemals daran dachte, was ich am nächsten Tag anziehen würde – ganz einfach, weil ich weder zusätzliche Unterwäsche noch Kleidung mitgenommen hatte.

Niederlagen akzeptieren

Einer der besten Bergsteiger Südamerikas, Rodrigo Jordan, erzählte mir, dass er dreihundertfünfzig Versuche unternommen hatte, um die diversen Berge zu besteigen. Alles in allem hatte er einhundertzwanzig Gipfel erreicht (auf unterschiedlichen Routen z. B. drei Mal den Mount Everest). Die zweihundertdreißig anderen Male hatte er aufgegeben. »Deshalb lebe ich noch«, war seine Schlussfolgerung.

Ich war positiv überrascht über seine entspannte Haltung gegenüber den missglückten Versuchen. Eigentlich hatte ich keine Zweifel, dass einige dieser Niederlagen bitter und enttäuschend für ihn gewesen waren und es vermutlich noch immer sind, aber ich treffe nicht sehr häufig auf Menschen, die begriffen haben, dass Gelingen und Scheitern nicht notwendigerweise Gegensätze sind. Im Gegenteil, es sind zwei Seiten einer Medaille, und sowohl dem Gelingen als auch dem Scheitern geht der Mut zum Risiko voraus. Wer nie scheitert, hat sich vermutlich von vornherein zu wenig vorgenommen. Die Kurzsichtigen unter uns wären wohl der Meinung gewesen, dass Rodrigo Jordan sehr viel mehr Gipfel hätte erreichen können, wenn er nicht schon vorher aufgegeben hätte. Die Weitsichtigeren hätten eingesehen, dass es früher oder später zu einem Unfall gekommen wäre – zu einem verhängnisvollen Scheitern, für ihn und für das Team, mit dem er unterwegs war.

Im Alter von zweiundzwanzig Jahren glaubte ich, viel Geld mit Börsenspekulationen verdienen zu können. Eine Zeitlang gelang es mir sogar, mein Studium auf diese Weise zu finanzieren. Doch mein Selbstbewusstsein und der Einsatz erhöhten sich weit schneller als mein Wissen, und als der Markt kippte, verlor ich den größten Teil meines Geldes. Die wichtigste Regel hatte ich noch nicht gelernt: Du darfst dich nicht zu sehr an deine Aktien binden. Du musst verkaufen, solange sie noch etwas wert sind und nicht erst dann, wenn du nichts mehr dafür kriegst. Als der Markt kollabierte, brach mir der kalte Schweiß aus und ich ärgerte mich dermaßen, dass es geradezu körperlich wehtat. Heute denke ich an diese Zeit zurück wie an einen sehr langen Tag in der Schule, wo es im Unterricht um Demut und die Tatsache geht, dass nichts einfach zu erreichen ist. Ich habe mehr aus Niederlagen als aus Erfolgen gelernt. Fridtjof Nansen hat es einmal so formuliert: Erfahrung ist die beste Schule, aber man muss furchtbar viel dafür bezahlen.

»Der Schmerz geht vorüber. Aufgeben ist etwas für immer«, schrieb der Radprofi Lance Armstrong in seinem Buch *Jede Sekunde zählt*. Ich sehe das nicht so. Kleine und große Niederlagen sind ein natürlicher Teil des Lebens. Das Ziel nicht zu erreichen liegt immer im Bereich des Möglichen, wenn man eine Tour beginnt. Ich sehe nicht alle Fehler und Verluste als Problem an, entscheidend ist häufig, wie ich darauf reagiere.

Niederlagen bergen – hin und wieder – auch Möglichkeiten. Vielleicht hat Armstrong diese Einsicht gefehlt.

Der Zehnkämpfer Daley Thompson wurde gefragt, was für ein Gefühl es ist, den Weltrekord zu verlieren, ohne die Chance zu haben, ihn wieder zu erlangen – mit anderen Worten, wenn man über Nacht seinen Heldenstatus verliert. Ich erinnere mich nicht mehr, was genau er antwortete, aber er sagte ungefähr Folgendes: »Ich nahm es wie ein richtiger Mann, ich weinte eine Woche lang.« Thompson sah der Realität in die Augen, er war kein Sportstar mehr, sondern ein ehemaliger Star. Er akzeptierte es, war eine Woche deprimiert und hakte die Sache dann ab. Es ist wichtiger, dass wir zu unseren Gefühlen stehen, wenn die Welt sich uns entgegenstellt, als zu versuchen, beinhart zu sein, nur so können wir uns von ihnen befreien. Bitterkeit entsteht oft dann, wenn wir die Realitäten des Lebens nicht akzeptieren. Es ist einfacher, sich über das Vergangene zu beklagen und sich auf Dauer einzugraben, als die Möglichkeiten und Chancen zu erkennen, die sich durch die neue Situation ergeben. Und natürlich ist es leichter, darüber zu schreiben, als es zu tun.

Kündigungen, Benachteiligungen, Scheidungen, finanzielle Verluste und Verrat, Krankheiten und Tod in der Familie, die meisten von uns erleben solche Situationen. Und oft kommt man über solche Dinge nicht hinweg. Dennoch bin ich überzeugt, dass seelische Tiefs neue Chancen in sich bergen. Manchmal vergisst man sehr leicht, dass das Leben – als

Familienvater, als Verleger und als Abenteurer – aus einer Reihe einzelner Episoden besteht. Es hängt davon ab, ob ich positiv oder negativ auf solche Episoden reagiere.

> Ich weiß nicht, was sich der Komponist Beethoven (1770-1827) gedacht hat, als er seine Hörfähigkeit verlor, oder wie der Maler Goya (1746-1828) reagierte, als er langsam taub wurde. Auch nicht, wie Rembrandt (1606-1669) damit umging, als seine erste Frau starb und er Insolvenz anmelden musste, weil seine Kunden sich von ihm abwandten. Ich bewundere alle drei. Und ich weiß, dass ich die Neunte Symphonie, die Beethoven komponierte, nachdem er taub geworden war, mehr schätze als die meisten seiner übrigen Kompositionen. Ähnlich verhält es sich mit den Bildern, die Rembrandt nach seiner Insolvenz 1656 malte, sie sind besser als seine früheren Werke – die Pinselstriche sind gröber, das Kolorit glühender, es hat den Anschein, als hätte er mehr gewagt. Hätte Goya aufgehört zu malen, als seine Hörfähigkeit in den 1790er Jahren allmählich nachließ, hätten wir nie die Gemälde gesehen, durch die er so berühmt wurde. Allmähliche Taubheit und Isolation waren offensichtlich eine Voraussetzung, um seine inneren Visionen, Gedanken und Vorstellungen so stark auf der Leinwand zu vermitteln.

Es mag manchmal den Anschein haben, als bräuchte es für die künstlerische Entwicklung ein paar Niederlagen. Bekommt ein Autor gleich für sein erstes Buch wichtige Preise, ist das nächste Buch häufig eine Enttäuschung. Ein Freund, der Galerist in Berlin ist, erzählte mir, tief in seinem Inneren hoffe er, dass bei Ausstellungen von Debütanten nicht alles verkauft wird, obwohl er natürlich alles dafür tut. *Etwas* soll verkauft werden, aber nicht zu viel. »Einem künstlerischen Werk bekommt ein solch unmittelbarer Erfolg einfach nicht«, sagt er. Selbstverständlich gönnt er dem Künstler als Person allen Erfolg, den sie oder er haben kann, aber er weiß auch, dass deren Kunst darunter leiden kann, wenn die Anerkennung sich zu früh oder zu mühelos einstellt.

Nachdem ich Verleger wurde, war ich mir der vielen Fehler, die ich machte, bewusst, aber es ist mir trotzdem gelungen, ein erfolgreiches Unternehmen aufzubauen. In den ersten Jahren ärgerte ich mich mächtig über diese Fehler: gute Bücher, die wir abgelehnt hatten, unnötige Ausgaben und Fehlentscheidungen bei Manuskripten, Umschlägen und falsche Einschätzungen in Hinblick auf das Verkaufspotential von Titeln. Eines Tages traf ich mich mit einem anderen Verleger, der mir erklärte, solche Fehler seien Teil des verlegerischen Alltags. Man kann einfach kein Unternehmen betreiben, ohne Fehler zu machen. Das Ziel muss sein, denselben Fehler nicht noch einmal zu begehen.

In England gibt es einen Begriff, den ich so noch nirgendwo anders gehört habe: *heroic failure*. Entscheidend ist, *wie* man scheitert. Damit verbunden ist ein gewisser Anspruch und auch eine gewisse moralische Überlegenheit. Es geht darum, sich etwas mehr anzustrengen und ernsthaft zu versuchen, auftauchende Probleme zu lösen. Sich wie ein Profi zu verhalten wird manchmal negativ beurteilt; wird es jedoch mit Stil getan, so der Gedanke der Engländer, kann ein amateurhaftes, aber dennoch heldenmütiges Verhalten, das sich durch harte Arbeit auszeichnet, besser sein, als das Ziel zu erreichen. In einem Land wie Norwegen ist es anders: Entweder gelingt uns etwas, oder wir scheitern. Stil in Verbindung mit einer Niederlage ist im Grunde ein Fremdwort. Aber gehen wir nicht zu weit, wenn wir eine Niederlage nur als Niederlage behandeln? Ich glaube schon. Eine Niederlage kann vieles sein. Wenn man aufgeben muss wie Geir Randby, der mit Børge und mir zum Nordpol unterwegs war und dort einen Bandscheibenvorfall erlitt, weil sein Schlitten bei ungefähr minus fünfzig Grad von einem Eishaufen gefallen war, sollte man nicht von Scheitern sprechen, insbesondere wenn man sich wie er zwei Jahre auf eine solche Expedition vorbereitet.

Von allen Fotos, die am Sonntag, den 20. Juli 1969, auf dem Mond geschossen wurden, beeindruckt mich das Foto von Buzz Aldrin, der rückwärts auf der Leiter aus der Raumkapsel der Apollo 11 steigt, am meisten. Er hatte mehrere Jahre für diesen Augenblick trainiert und befand sich dreihundertsiebzigtausend Kilometer von zu Hause entfernt. Im Schatten war es minus einhundertsiebzig Grad kalt und in der Sonne

plus einhundertzwanzig Grad heiß. Aldrin hatte nur ein einziges Problem: Neil Armstrong stand schon seit neunzehn Minuten auf dem Mond, bereit, ihn zu fotografieren. Aldrin empfand die »Silbermedaille« als große Niederlage. Ja, man kann auch eine solche Situation als Niederlage begreifen. Michael Collins, der dritte Mann an Bord, verließ nicht einmal die Apollo. Er umkreiste vierzehn Mal den Mond, umgeben von siebenhundert Schaltern und zehn Kilo Checklisten, während er darauf wartete, dass die beiden anderen ihre Arbeit auf dem Mond beendeten. Er verschwand in totaler Dunkelheit hinter dem Mond und tauchte im Sonnenlicht auf der anderen Seite wieder auf. Collins erklärte, er sei zufrieden gewesen, dass er mitfliegen durfte. Mir gefällt dieser Gedanke. In der zweiten Nacht der Quarantäne, nachdem sie wieder auf der Erde gelandet waren, kroch Collins zurück in die Kapsel und schrieb mit winzig kleiner Schrift:

»Spacecraft 107 – alias Apollo 11 – alias Columbia
The best ship to come down the line
God bless her
Michael Collins, CMP«

Nach wie vor ärgere ich mich über Niederlagen, die ich selbst verschuldet habe. Als ich jünger war, tat ich das vermutlich noch öfter. Inzwischen treffe ich immer häufiger auf Leute meines Alters, die sich weniger über Niederlagen ärgern, als vielmehr bereuen, was sie nicht getan haben. Vielleicht ist es gar nicht so dumm, früh im Leben etwas Spannendes, aber Riskantes zu versuchen? Vielleicht sind die Niederlagen und das Scheitern von damals einige unserer lehrreichsten Erfahrungen.

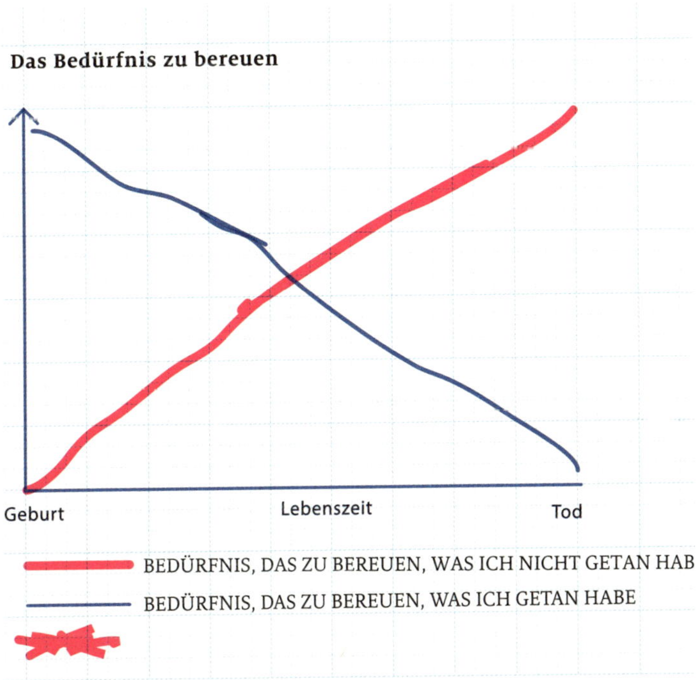

Nur wer sich selbst eine Bürde auferlegen kann, ist frei

Als kleiner Junge träumte ich hin und wieder davon, frei von Anforderungen und Erwartungen leben zu können: nicht mein Zimmer aufräumen zu müssen, mir nicht mehr die Haare schneiden zu lassen, genug Geld zu haben und nicht mehr zur Schule zu gehen. Als ich noch jünger war, glaubte ich sogar, dass das Leben ewig schön wäre, ich müsste nur reich genug sein, um mir so viele Süßigkeiten zu kaufen, wie ich wollte. Vor einigen Jahren erlebte ich, dass meine eigenen Kinder mehr oder weniger in der gleichen Phase waren wie ich damals. Sie lebten in einer Spielwirtschaft, in der die wichtigste Variable die Anzahl der Barbie-Puppen war, die man bekommen konnte. Ein verantwortungsfreies Leben als das absolute Ziel.

Noch immer gibt es eine leise Stimme in mir, die mir rät, immer die einfachste Variante zu wählen: geh auf eine Wanderung, statt deine Eltern zu besuchen, verschieb die Antwort auf Mails, übernimm nur die Verantwortung für dich selbst – es ist eine »Mach es dir leicht«-Haltung.

Der österreichische Psychiater Viktor E. Frankl (1905-1997) überlebte mehrere Jahre im Konzentrationslager und sagte ein paar Worte über diese Zeit, die mich nie losgelassen haben: »Wer ein Warum zu leben hat, erträgt fast jedes Wie.« Wir sollen uns kein Leben wünschen, das uns weniger in

Anspruch nimmt, fährt er in seinem Buch *Man's Search for Meaning* fort, denn das Leben hat das Potential, unter allen Bedingungen sinnvoll zu sein. Der Sinn des Lebens heißt, das Beste aus der Situation zu machen, in der man ist.

Das heißt nicht, dass wir über jede schwierige Situation lachen und sie mit Langmut ertragen müssen, und auch nicht, dass wir nicht hier und da mürrisch sein dürfen. Ich glaube, es liegt nicht in der menschlichen Natur, über eine längere Zeit zufrieden zu sein, die Ziele verändern und entwickeln sich ständig. »Kein Handeln, kein Gedanke reicht, so weit du willst«, schrieb Friedrich Hölderlin. »Das ist die Herrlichkeit des Menschen« – damit meint er, es ist sein Privileg und sein Segen, »daß ihm ewig nichts genügt.«

Ich will kein Leben ohne Verantwortung führen, denn Verantwortung ist der Schlüssel zu einem freien Leben. Wenn ich den Weg des geringsten Widerstands gehe, bin ich nicht frei. Wenn ich auf einer Kreuzung stehe, werde ich immer den einfacheren Weg wählen. In welchem Fall meine Entscheidung, groß wie klein, etwas Vorbestimmtes bekommt, wenn ich nur nach dem einfachsten Weg suche. Mein Verlangen, frei zu sein, fesselt mich.

Was ich mir einmal unter einem freien Leben vorgestellt habe (und ich finde es manchmal immer noch reizvoll) – feiern, studieren, arbeiten, Ski laufen, Mädchen zum Ausgehen einladen –, kommt mir inzwischen nicht mehr so frei vor. Jetzt erscheint es mir vor allem arrogant. In einer Vorlesung für Studierende am Kenyon Center sprach der amerikanische Schriftsteller David Foster Wallace darüber, wie wichtig es ist, darauf zu achten, was direkt vor der eigenen Nase passiert, statt sich mit abstrakten Ideen herumzuschlagen. Ein freies Leben erfordert Disziplin, Aufmerksamkeit und Offenheit, und natürlich Großzügigkeit. Eine so definierte Freiheit bedeutet, in der Lage zu sein, »andere Menschen wirklich ernst zu nehmen und Opfer für sie zu bringen, wieder und wieder, auf immer wieder neue Weise, völlig unsexy, Tag für Tag«. Ich muss jedes Mal innhalten, wenn ich diese Sätze lese. Wallace behauptet, die Herausforderung bestehe darin, aus seinen Erfahrungen einen Sinn abzuleiten.

Verantwortung und Bürden geben dem Leben einen Inhalt. Wählst du den einfachsten Weg, nimmst du dem Leben seinen Inhalt. Wenn dein Leben nichts für andere bewirkt, wird es auf lange Sicht auch für dich nicht mehr so wichtig. Viele behaupten, es brauche Wissen und Erfahrung, um sich für den richtigen Weg zu entscheiden. Aber ich frage mich manchmal, ob wir nicht auch vieles rein instinktiv wissen. Es ist die Entscheidung, die schwierig ist, egal, wie alt oder klug wir sind.

Wie Foster Wallace es seinen Studenten gesagt hat: »Es ist unvorstellbar schwer – tagein, tagaus bewusst und erwachsen zu leben. Ich wünsche Ihnen weit mehr als Glück.«

Ein Lob der Gewohnheit

Der Philosoph Lars Fr. H. Svendsen bekam Ende der 1990er Jahre, auf dem Gipfel der ersten Internet-Welle, von einer der führenden Telekommunikationsgesellschaften Europas den Auftrag, einen Bericht über den Prozess der Herausbildung von Gewohnheiten zu erstellen – und wie diese Gewohnheiten durchbrochen werden können. Die Gesellschaft hatte gerade eine neue Firmenzentrale gebaut und sich das Ziel gesetzt, dass die Angestellten ohne eingefahrene Gewohnheiten und Routinen an ihren neuen Arbeitsplatz kamen.

Svendsens Problem war, dass er nicht erkennen konnte, wie die Firma ohne feste Routinen zurechtkommen wollte. Gewohnheitsbildungen sind eine Voraussetzung für Kreativität, also sollte man eher ein neues schönes Wort für Gewohnheit finden. »Gebt der Gewohnheit einen hübschen Namen«, lautete seine Empfehlung.

Vielleicht hatte die Führung der Gesellschaft zu viel Kant gelesen. Für Immanuel Kant ist es vollkommen klar, dass es wichtig ist, Gewohnheitsbildungen zu verhindern, weil uns dadurch die Freiheit und Unabhängigkeit genommen werden. Kant hält Gewohnheiten für eine Art Zwang, in dem Sinn, dass Gewohnheiten zu einer Zwangsjacke werden, die man nicht wieder ablegen kann. Oder haben die Chefs der Firma vielleicht nur einen Rat befolgt, den sie in irgendeinem Businessratgeber gelesen hatten? Wer weiß. Meine Erfahrung hingegen ist folgende: Je mehr ich routinemäßig erledigen kann, umso mehr Zeit und Ressourcen habe ich, um andere Dinge zu tun – und zu denken.

Im Übrigen war Kant selbst – trotz seiner ausdrücklichen Skepsis gegenüber Gewohnheiten – ein ausgeprägter Gewohnheitsmensch mit einer enormen Arbeitskapazität und kreativen Produktion. Das Einzige, woran ich mich an Kant aus der Schule erinnern kann, ist, dass die Einwohner von Königsberg – die Stadt heißt heute Kaliningrad –, wo er sein Leben lang wohnte, ihre Uhren nach seinem genau festgelegten täglichen Spaziergang stellen konnten.

Einer der unzugänglichsten Philosophen der Geschichte, Georg Wilhelm Friedrich Hegel, der seine Philosophie in hohem Maß auf Kants Arbeiten gründete, beschrieb die Gewohnheit als unsere »andere Natur« – ein Persönlichkeitsmerkmal, das nicht angeboren, sondern ein erlerntes Verhaltensmerkmal ist, das wir gern nutzen, beinahe automatisch. Hegel hebt hervor, dass dies etwas Positives sei; der Mensch ist abhängig von Gewohnheiten, um im täglichen Leben zu funktionieren.

Bei Expeditionen ist es mein Ziel, so viel wie möglich vor dem Aufbruch »festzuklopfen«, auf eine beinahe »hegelianische« Weise. Für mich geht es dabei natürlich nicht um Philosophie, sondern um das Wissen, dass der reibungslose Ablauf von praktischen Tätigkeiten eine Voraussetzung für die Struktur des Alltags ist. Im Laufe des Tages müssen viele Entscheidungen getroffen werden – in den Bergen oder auf dem Eis –, und je weniger Fragen sich dabei ergeben, zu denen ich mich verhalten muss, umso besser ist es. Wie ich schon beschrieben habe, stehe ich jeden Tag zur gleichen Zeit auf und erledige die morgendliche Routine innerhalb einer bestimmten Zeitspanne. Wenn ich das Lager abgebrochen hatte, drehte ich mich jeden Morgen ein letztes Mal um und kontrollierte, ob ich nichts vergessen hatte. Das war besonders wichtig, denn weil ich Gewicht sparen musste, hatte ich keinerlei überflüssigen Dinge dabei, noch nicht einmal ein zusätzliches Paar Fäustlinge – lediglich tausendzweihundertsechsundfünfzig Gramm an Werkzeug. Ich wollte um nichts in der Welt irgendetwas in der Wildnis zurücklassen. Es ist zu einer festen Angewohnheit geworden: Jedes Mal, wenn ich ein Zimmer verlasse, sehe ich mich automatisch um und kontrolliere, ob ich nichts vergessen habe. Nach Abbruch des Lagers ging ich zwei Stunden mit einer Pause von zehn Minuten, und nach neun Minuten brach ich auch schon wieder auf, damit ich mich nicht zu lange ausruhte. Ich beendete den Tag zu einem zuvor festgelegten Zeitpunkt. Hatte ich das Lager aufgeschlagen, wischte ich Schnee und Feuchtigkeit von meiner Kleidung, bevor ich ins Zelt kroch. Nachdem ich gegessen und noch ein wenig gelesen hatte, legte ich mich jeden Tag zur gleichen Zeit schlafen.

Eine solche rigide Struktur mag oberflächlich betrachtet kleinlich und pedantisch sein, für mich war sie jedoch die

Basis, um unterwegs innere Ruhe und einen guten Rhythmus zu finden.

Wenn es stürmt oder vierzig oder fünfzig Minusgrade den Körper wie in einer Kneifzange halten, gar nicht davon zu reden, wenn der Körper so erschöpft ist, dass er beinahe nicht mehr dem Willen gehorcht, ist es besonders wichtig, sich auf eine Routine stützen zu können. Außerdem kann man sich spontane Abweichungen erlauben und diese auch genießen, wenn man feste Gewohnheiten für seine Tätigkeiten hat. Wenn ich unter Druck gerate, nicht mehr klar denken kann, führt mich die Macht der Gewohnheit zum Ziel. Ich weiß, worauf ich mich konzentrieren muss. Ich habe erlebt, dass dies auch in meinem Arbeitsleben von Nutzen ist, und außerdem war es zweifellos nützlich, als die Kinder klein waren und ich die vielen schlaflosen Nächte ertragen musste. Wenn sich alles vor dir auftürmt, ist es gut zu wissen, dass du die elementarsten Dinge ohne allzu großen Aufwand erledigen kannst.

Gewohnheiten können selbstverständlich auch unerwünschte Konsequenzen haben. Wer ihnen allzu sklavisch folgt, schließt einfach sehr viele Möglichkeiten aus. Und sie können durchaus komische Folgen haben. Bei einem der großen Erdbeben in Mexiko 1985 wurde ein Mann unter einem eingestürzten Haus gefunden, der sich weigerte, herauszukriechen. »Ich kann nicht, denn ich habe nichts an«, lautete seine Erklärung. Es war ihm unmöglich, sich nackt zu zeigen, denn man ging doch nur angezogen aus dem Haus.

Ich habe mir manchmal versucht vorzustellen, was passieren würde, wenn Gewohnheiten einen Menschen so prägen, dass seine komplette Persönlichkeit ausgelöscht wird. Vielleicht wäre so ein Mensch durch sein Routineverhalten so berechenbar, dass er ohne Weiteres am Arbeitsplatz, bei Freunden und zu Hause bei seinem Partner und den Kindern ausgetauscht werden könnte – ohne dass es irgendjemand bemerken würde. Vielleicht befürchtete Kant eine derartige Möglichkeit, ebenso wie die Auftraggeber von Lars F. H. Svendsen?

Auf der anderen Seite ist es leicht, sich eine Person vorzustellen, die zu jeder Gelegenheit anders sein möchte als alle anderen. Eine Person, die so impulsiv sein will, dass sie nie pünktlich sein kann. Eine Person, die ständig zeigen muss, wie »anders« sie ist. Ich glaube, eine solche Person wird schließlich als Durchschnittsmensch enden. Eine Person, so austauschbar, dass niemand es bemerken würde.

Die interessantesten Künstler sind von Routinen geprägt, jedenfalls in den Zeiten, in denen sie Kunst produzieren. Aber nicht in dem Sinn, dass sie so leben wie ich vor einer Expedition, mit frühem Aufstehen und einem strengen Zeitplan. Das Künstlerideal – der Künstler als eine romantische, Rotwein trinkende oder mit Drogen experimentierende Seele, dem alles fehlt, was man gemeinhin als Arbeitsroutine oder Anpassungsfähigkeit bezeichnet –

gibt es auch, aber es ist nicht so verbreitet, wie viele glauben. Und meiner Erfahrung nach schaffen diese Künstler selten große Kunst in ihren »ausufernden« Phasen. Der dänisch-isländische Künstler Ólafur Elíasson kommt morgens fast immer zur gleichen Zeit in sein Atelier – um 8:30 Uhr. Er schießt eine halbe Stunde mit Pfeil und Bogen, um abzuschalten, dann arbeitet er konzentriert den Rest des Tages. Die Energie, die er durch sein systematisches Vorgehen spart, nutzt er, um kreativ zu sein.

Heute, in meinem Leben als Verleger und Vater von drei Kindern, folge ich nicht mehr so festen Mustern wie auf meinen Expeditionen. Dennoch bin ich überzeugt, dass selbst in einem kreativen Betrieb wie einem Verlag Gewohnheiten und Routinen nötig sind. Manuskripte müssen geprüft, bearbeitet und lektoriert werden, und nach der redaktionellen Arbeit muss mindestens zwei Mal Korrektur gelesen werden. Und all das hat nichts mit irgendwelchem Hokuspokus oder etwas sonderlich Kreativem zu tun. Es müssen Absprachen und Termine eingehalten werden. Auf diese Weise haben meine Kollegen und ich letztendlich auch mehr Zeit und Gelegenheiten, uns auszutauschen; und wir können – sozusagen als Zusatznutzen unserer Routinen – spontan sein, überraschende Entscheidungen treffen und neue Buchideen entwickeln. Auf diese Weise bereitet mir nicht nur die Zusammenarbeit mit meinem Team größere Freude, sondern ich freue mich auch als Arbeitgeber und Eigentümer des Verlags. Und hoffentlich haben wir auf diese Weise an unserem Arbeitsplatz ein bisschen zusätzlichen Spaß.

Und eine besonders erfreuliche Seite, als Gewohnheitsmensch kann ich hin und wieder auf sämtliche Gewohnheiten pfeifen, und das ist ein herrliches Gefühl. Eine Seite, die den permanent spontanen und gewollt originellen Leuten vollkommen entgeht.

Überlass das Glück nicht dem Zufall

Ganz objektiv gesehen, war ich als Skiläufer, Segler und Bergsteiger im Gegensatz zu vielen anderen rein körperlich eher schwach. Und es gab niemanden, der glaubte, ich könnte einen Verlag betreiben – auch nachdem ich begonnen hatte, gab es noch lange viele Skeptiker. Streng genommen hatte ich nur drei Vorteile gegenüber anderen Leuten mit ähnlichen Träumen: Ich habe es versucht, ich bin standhaft geblieben und ich war geschickt genug, mich zu verbessern – etwas geschickter als so mancher und sehr viel geschickter als viele. Auf diese Weise hatte ich es unterwegs einfacher.

Was mir an Muskeln und Verstand fehlte, habe ich zu kompensieren versucht, indem ich mich optimal vorbereitete.

»Der Sieg erwartet den, der alles in Ordnung hat – das nennt man Glück. Die Niederlage ist eine unbedingte Notwendigkeit für denjenigen, der es versäumt hat, rechtzeitig die notwendigen Maßnahmen zu ergreifen – das nennt man Unglück.«

Diese Sätze schrieb Roald Amundsen, nachdem er als erster Mensch in der Geschichte den Südpol erreicht hatte. Große Worte, aber er hat recht. Amundsen vertraute während seiner Expedition allein auf hundertsechzehn grönländische Schlittenhunde, um voranzukommen, während die Konkurrenten, die weniger Vertrauen und Erfahrung hatten, sich vierfach absicherten, sie setzten Pferde, Hunde, motorisierte Fahrzeuge ein oder zogen ihre Schlitten selbst. Und Amundsen hatte zudem einen großen Vorteil: Er hatte eine Zeitlang bei den Inuit gelebt, als er durch die Nordwestpassage segelte, und von ihnen hatte er alles über Verpflegung, Ausrüstung und den Einsatz von Hundeschlitten gelernt. Heute ist die Demut und die Offenheit, mit der Amundsen das Wissen der Inuit annahm, möglicherweise eine Selbstverständlichkeit, damals aber durchaus nicht. Es war eine Zeit, in der die Menschen in großen Teilen Europas und der USA sicher waren, dass wir von den Urvölkern nichts lernen können. Ihr Wissen und ihre Erfahrungen wurden ignoriert.

Wie der Tag verlaufen wird, kannst du ziemlich genau vorhersehen, noch bevor du morgens das Zelt verlässt. Und vermutlich noch bevor die Expedition überhaupt begonnen hat.

»Schafft ihr es, werden die Leute sagen, ihr hättet mit dem Wetter Glück gehabt«, sagt der Künstler Jakob Weidemann, unser Hauptsponsor, zu Geir, Børge und mir, als wir zum Nordpol aufbrachen. Ich dachte über den Satz nicht weiter nach, bis wir vom Nordpol zurückkamen und alle meinten, wir hätten wohl Glück mit dem Wetter gehabt. Weidemann war ein kluger Mann.

Glück hat nichts damit zu tun, dass man intelligenter ist als andere oder über besondere psychische Fähigkeiten verfügt.

Im Gegenteil, Glück hängt davon ab, wie wir uns verhalten, was wir denken und was wir fühlen.

Selbstverständlich ist es möglich, einfach nur Glück zu haben, ganz ohne eigenes Zutun. Ringo Starr zum Beispiel war ein cooler Typ und ein guter Schlagzeuger – und zur rechten Zeit am rechten Ort. Und dann ist da die Geschichte von dem Lottospieler, die man sich immer wieder erzählt, der mit der Zahl 48 das große Los gewann, denn er hatte sieben Nächte hintereinander die Zahl Sieben geträumt, und sieben mal sieben ergibt doch achtundvierzig? Okay, nicht ganz, aber das war die Zahl, auf die er gesetzt hatte.

Natürlich muss man unterscheiden zwischen dem Glück, von dem man hin und wieder überrascht wird, und dem Glück, auf das man eher systematisch zusteuert. Mich beschäftigt Letzteres mehr, denn es scheint eine Tatsache zu sein, dass nicht nur Roald Amundsen, sondern auch unzählige andere Menschen ständig von etwas verfolgt werden, das Glück sehr ähnlich ist. Auf dieselbe Weise, wie erfolgreiche Segler Glück mit dem Wind haben. Betrachten wir einige der großen Erfindungen auf der Erde – Fotografie, Insulin, Penizillin, die künstliche Produktion von Stickstoff und die Antibabypille –, so sind all diese Erfindungen scheinbar auf glückliche Zufälle zurückzuführen.

Idealerweise müsste ich auf alle Eventualitäten vorbereitet sein, aber dass das möglich ist, scheint mir schwer vorstellbar zu sein. Man kann sich auch zu Tode planen. Die

Umstände verändern sich, und meine Fähigkeit, auf sie zu reagieren, hängt davon ab, wie viel Zeit ich dafür habe. Unvorhergesehene und schwierige Situationen wird es immer geben, das Ziel ist es jedoch, sie zu begrenzen. Gelingt mir das, habe ich gute Chancen, die Energie als auch den Erfindungsreichtum zu entwickeln, um Herausforderungen zu meistern, die ich nicht vorhergesehen habe.

Allein die Entscheidung, welche Art Stiefel ich an den Füßen trage, war eine wichtige Überlegung vor jeder Expedition. Es gibt ja den Spruch, man soll einen kühlen Kopf und warme Füße bewahren! Amundsen nannte es sein *großes Ziel*, das perfekte Schuhwerk zu entwickeln. Er brauchte zwei Jahre, bis er für seine Südpolexpedition die richtigen Stiefel entworfen und ausprobiert hatte.

Wenn ich schließlich zu einer Expedition aufbrach, tat ich es mit einer gewissen Zufriedenheit und der Gewissheit, dass ich während der Vorbereitungsphase alles in meiner Macht Stehende getan hatte. Und in den meisten Fällen habe ich das Gefühl, dass ich Glück haben werde, weil ich meine Hausaufgaben gemacht habe. War ich einmal schlecht vorbereitet, fühlte ich mich permanent in der Defensive. Bevor ein Problem gelöst war, tauchte ein neues auf. Dann hatte es den Anschein, als sei ich vom Pech verfolgt.

Vor jeder Expedition habe ich Nacht für Nacht damit verbracht, mich um die Vorbereitungen zu kümmern. Und obwohl ich mich vermutlich viel zu viel gekümmert habe, war

es weitaus besser, als sich zu wenig zu kümmern. »Sei denn behutsam! Furcht gibt Sicherheit«, sagt Laertes zu seiner Schwester Ophelia in *Hamlet*, als er sie verlassen muss. Mir scheint es ein guter Rat für jemanden zu sein, den man mag.

Wenn ich zu selbstsicher bin, werde ich schnell zu forsch und bin zu wenig selbstkritisch. Dann übersehe ich leicht kleine (und manchmal auch große) Dinge, die mir hätten auffallen müssen. Insgesamt ist es wichtig, ein bisschen ängstlich zu sein – nicht nur während der Vorbereitungsphase, sondern auf dem ganzen Weg zum Ziel. Meiner Erfahrung nach geschehen die meisten Unglücksfälle beim Abstieg von einem Berg, wenn du dich glücklich und sicher fühlst, nachdem du auf dem Gipfel gewesen bist. Als Verleger habe ich keineswegs irgendein endgültiges Ziel erreicht und versuche ständig, die Dinge nicht für selbstverständlich zu halten und eine angemessene Portion von Besorgnis in den Alltag einfließen zu lassen. An dem Tag, an dem ich glaube, dass alles unter Kontrolle ist, hat der Verlag mindestens ein Problem – und das bin ich.

Bei den Vorbereitungen geht es vor allem darum, Schwierigkeiten vorherzusehen. Der Bergsteiger Alex Honnold versucht, sich alle Eventualitäten vorzustellen, bevor er klettert, da er keine Lust hat, auf der Hälfte der Strecke plötzlich überrascht zu werden: »... oha, ich habe mir nicht vorgestellt, dass ich sterben werde, wenn ich hier herunterfalle.« Das ist klug, aber ich selbst bin immer ein wenig ängstlich, wenn ich erst

einmal aufgebrochen bin. Trotzdem fürchte ich problematische Situationen nicht, bevor ich sie tatsächlich erlebe. So vieles kann schiefgehen, dass es nur zu Frustrationen führt, sich von vornherein zu viele Sorgen zu machen. Und sehr oft stellt sich heraus, dass die Probleme, die ich befürchtet habe, überhaupt nicht auftauchen. Wenn ich anfange, über jede eventuell mögliche Gefahr nachzudenken, wohl wissend, dass ich nichts tun kann, um sie zu verhindern, ist die Chance groß, dass ich schon bald einen Vorwand finde, um gar nicht erst aufzubrechen. Und: »Mitten in einem Sturm hast du keine Angst um dein Leben, das kannst du dir gar nicht leisten«, wie es die Engländerin Ellen MacArthur, die mehrere Jahre den Weltrekord für die schnellste Weltumsegelung im Einhandsegeln hielt, so klug ausdrückte.

Für mich ist es ein Teil der Vorbereitungen, positiv zu denken. Ich habe einen kleinen, aber ganz entscheidenden Lehrsatz, von dem ich tatsächlich glaube, dass ich ihn ganz allein erfunden habe: »Dafür gehe ich. Mit Haut und Haaren, bis das Gegenteil bewiesen ist.« Dies gilt im Großen wie im Kleinen. Es gibt viele gute Gründe zu fluchen, wenn man auf einer Expedition ist, aber das kann leicht zu einer negativen und deprimierenden Stimmung führen.

Manchmal denke ich, dass wir uns viel zu wenig Zeit nehmen, um uns auf die wichtigsten Entscheidungen im Leben vorzubereiten – und viel zu viel Zeit investieren in die weniger wichtigen Dinge. Ende der 1990er Jahre, als meine Freundin und ich uns entschlossen, für unsere junge Familie ein Haus zu kaufen, war ich überrascht, wie eigentlich besonnene Menschen nach einer raschen Hausbesichtigung anfingen, sich gegenseitig zu überbieten. Ein Hauskauf ist vermutlich für die meisten von uns die größte finanzielle Investition im Leben, aber ich habe den Eindruck, dass die meisten ihrem ersten Eindruck, dem Makler und dem Prospekt vertrauen. Ich denke oft, es mag durchaus vernünftig sein, dem ersten Eindruck zu vertrauen, aber dennoch ist es sinnvoller, selbst nachzuschauen, ob der Keller vielleicht feucht ist.

In all den Jahren gab es viele Menschen, die von mir Tipps haben wollten, um ein Unternehmen zu gründen, und noch mehr haben mich bei bevorstehenden Expeditionen um Rat gefragt. Aufgrund der Fragen, die sie stellten, konnte ich mir rasch eine Meinung darüber bilden, ob sie unterwegs Glück mit dem Wetter haben würden oder nicht. Vieles ist bereits entschieden, bevor man überhaupt aufbricht.

Selbstverständlich kann jeder Pech haben. Du bist wochenlang von Unwetter betroffen. Die Zeitungen streiken, wenn du ein wichtiges Buch lancieren willst. Eine scheinbar verlässliche Person bricht dein Vertrauen und lässt dich mit den daraus resultierenden Folgen sitzen. Ich will darauf hinaus, dass es immer zu schwierigen Situationen kommen wird. Die Frage ist, was du tust, bevor sie auf dich zukommen. Und wie du reagierst, wenn es so weit ist.

Lass dich vom Ziel verfolgen

Nicht selten bekomme ich zu hören, dass man jedes einzelne Detail vor sich sehen muss, um ein Ziel zu erreichen; du musst wissen, wie ein Erfolg sich auf dein Leben auswirken wird. Schreib genau auf, warum du dir dieses Ziel gesetzt hast. Vielleicht funktioniert diese Methode in einzelnen Fällen, aber ich glaube nicht, dass es immer der beste Ansatz ist. Und was Polarexpeditionen betrifft, glaube ich bestimmt nicht, dass es so einfach ist. Es ist absurd, den Everest zu besteigen, und ebenso absurd, zu beiden Polen zu gehen, und somit ist es ziemlich schwierig, eine gute, rationale Erklärung zu liefern, was mich dazu angetrieben hat. So antwortete der Philosoph und Bergsteiger Arne Næss, als ihn ein Journalist fragte, warum er angefangen hat zu klettern: »Warum hast du aufgehört?« Tatsache ist, dass es selten einen einzigen Grund für das gibt, was wir tun. Einige unserer Motive sind ganz offensichtlich, wenn wir auf eine Expedition gehen: Neugierde, angeborener Forscherdrang, Liebe zur Natur, Anerkennung (ich bin nicht zum Südpol gegangen, um auf die Titelseite des TIME Magazine zu kommen, aber es hat mir großen Spaß gemacht, mich dort zu sehen) – es sind sicherlich solche Faktoren, die uns antreiben. Andere zeigen sich unterwegs. Zu Hause ist es ebenso schwer zu sagen, ob ich primär aus Liebe zu meiner Familie handele oder ob Pflichterfüllung oder Eigeninteresse eine Rolle spielen

– oder möglicherweise ein vollkommen anderer undefinierbarer Grund.

Doch während die Motive schwer herauszufinden sind oder von einer Person zu anderen variieren können, glaube ich – basierend auf eigenen Erfahrungen und meinen Begegnungen mit anderen Abenteurern –, dass einige dieser Motive praktisch hinter jeder einzelnen Expedition liegen. In der Natur können die kurzen Augenblickserlebnisse mit der Ewigkeit verglichen werden. Einige Zehntelsekunden können sich wie eine Ewigkeit anfühlen. Vergangenheit und Zukunft spielen keine Rolle, wenn ich eine Gletscherspalte bewältige oder einen kurzen Moment von einem Naturereignis gefangen bin. Der Augenblick und die Ewigkeit müssen keine Gegensätze sein. Die Zeit wird aufgehoben, und beides kann gleichzeitig erlebt werden.

Es gibt viele gute Gründe, um zu gehen, statt zu fahren, oder über das Meer zu segeln, statt zu fliegen. Es ist bereichernd, durch eigene Energie zu einem Ort zu gelangen und etwas über die Zeit zu erfahren, anstatt einfach nur zu dem Bestimmungsort zu hasten. Ich glaube, wenn das Orakel von Delphi im antiken Hellas per Telefon erreichbar gewesen wäre, die Menschen hätten dennoch den Parnass überquert, um Antworten auf ihre Fragen zu bekommen. Es ist etwas anderes, den Berg zu besteigen, die Aussicht zu genießen und in gewisser Weise zu spüren, wie der Himmel sich öffnet. Ich glaube, die meisten Menschen, die in die Berge gehen oder sie bestiegen haben, verstehen, warum die Götter ihren Ursprung gern gerade dort haben. Außerdem glaube ich, dass die Griechen es auch schätzten, sich zu verausgaben. Für mich ist sich zu verausgaben jedenfalls ein Ziel an sich.

Dasselbe Bedürfnis zu spüren, dass ich in meinem eigenen Leben bin, treibt mich auch in der Zivilisation um. Es geht darum, das Gefühl zu erleben, dass ich das »Spiel« beherrsche, ich brauche das Erlebnis der Freiheit *von* etwas und der Freiheit *für* etwas anderes, ich will spüren, dass ich selbst einen entscheidenden Einfluss auf das Ergebnis habe.

»Warum allein zum Südpol gehen, statt im Hubschrauber zu fliegen?«, ist eine Frage, die mir oft gestellt wurde, aber ich habe kaum selbst darüber nachgedacht. Abenteurer fragen eher nach dem *Wie* als nach dem *Warum*. Für mich lag es schon immer auf der Hand, dass es wertvoller ist zu gehen. Die Kälte, der Wind und all die vielen Schritte sind an sich schon ein Teil des Sinns.

Häufig denke ich, dass unsere grundlegenden Ziele – die uns leiten und unser Leben formen – nicht dieselben sind, die wir aktiv formulieren, wenn wir die Fünfjahrespläne schreiben. So wie ich es sehe, finden sich die wirklichen Ziele irgendwo im Hintergrund, vielleicht noch nicht vollends ausformuliert und möglicherweise noch sehr unvernünftig. Es sind diese Ziele, die uns nicht loslassen und die meiner Erfahrung nach die größten Möglichkeiten in sich tragen.

Ich verbrachte die ersten beiden Jahrzehnte meines Lebens damit, verschiedenen Zielen nachzujagen. Als Kind wollte ich so werden wie die anderen. Das war ein Ziel an sich. Ich wollte ebenso gut diskutieren wie der eine und ebenso reich sein wie ein anderer, ein ebenso guter Fußballspieler werden wie ein Dritter, ebenso attraktiv wie ein Vierter und ebenso klug wie ein Fünfter. Fünf schöne Ziele, aber nach und nach sah ich ein, dass ich keines davon erreichen würde. Und genauso wenig würde es anderen gelingen. Eine Sache ist es, Ideale zu haben, aber etwas anderes ist es, davon zu träumen, genauso zu werden wie jemand anderer. Wir Menschen sind zu verschieden, und gleichzeitig verändern wir uns ständig, genauso wie der, dem du zu gleichen versuchst. Ich war auf der Jagd nach Zielen, die eigentlich nicht meine eigenen waren und die ich aus diesem Grund – ähnlich wie Heyerdahls Freunde – niemals erreichte.

Mit zwanzig dämmerte es mir, dass die Ziele mich zerbrechen würden. Ich wechselte die Richtung und dachte wieder an meine ersten Träume, von denen ich mich abgewendet hatte, die aber nie wirklich verschwunden waren. Als ich Abenteurer wurde, hatte ich das Gefühl, einen schicksalsbestimmten Weg einzuschlagen.

Als Kind schlief Roald Amundsen mitten im Winter mit offenem Fenster, er wollte der Erste in der Geschichte sein, der den Nordpol erreicht, und fing mit den Vorbereitungen dazu früh an. Aber dann, 1909, kehrte Frederick Cook aus der Arktis zurück und behauptete, er hätte den Pol 1908 erreicht. Kurz nach Cooks Rückkehr tauchte der Amerikaner Robert Peary auf und erklärte, er und nicht Cook sei der Erste gewesen. Amundsen ärgerte sich im ersten Moment, dass man ihn um das Ziel seiner Träume betrogen hatte. Aber es dauerte nicht lange. Schon bald tauchte der Traum vom Südpol in ihm auf. Er war ja trotz allem bereits gut vorbereitet auf polare Gebiete. Er vollzog buchstäblich eine Wende um hundertachtzig Grad. Als er am 14. Dezember 1911 am Südpol stand, bemerkte er trocken: »Noch nie hat ein Mann an einem Ort gestanden, der seinem eigentlichen Wunsch so diametral widersprach.«

Von Mullah Nasreddin, einem Satiriker des 13. Jahrhunderts, heißt es, er habe den Sufismus um sehr viel Humor und Klugheit bereichert. Über ihn gibt es eine Geschichte, die auf viele andere, nur nicht auf Roald Amundsen gemünzt sein könnte.

Eines Tages sah jemand, wie Nasreddin auf der Erde vor seinem Haus etwas suchte. Auf Nachfrage antwortete Nasreddin, er suche nach dem Schlüssel. Der andere half ihm beim Suchen, und nach einer Weile fragte er den Mullah:

»Wo hast du den Schlüssel eigentlich verloren?«

Der Mullah antwortete: »Im Haus.«

»Warum suchst du dann hier?«, fragte der Mann.

»Hier ist es heller als im Haus«, erwiderte der Mullah.

Nasreddin sucht den Schlüssel an der falschen Stelle – ein bisschen wie jemand, der gern ein Bestsellerautor werden will, aber nicht begreift, dass er tatsächlich erst einmal ein Buch schreiben muss. Oder wie andere, die gern Schriftsteller werden wollen und mit zwei Büchern gleichzeitig beginnen, um letztlich keines zu vollenden. Ich selbst habe den gleichen Fehler mehrfach begangen, vor allem als Teenager, als ich meine ersten Vorstöße in die sonderbare Welt der Mädchen unternahm. Wie so oft stürmte ich blindlings drauflos, lud sie ein, mit mir auszugehen, und wurde abgewiesen. Es gab viele Versuche und Fehlschläge, bis ich verstand, dass ich zunächst versuchen musste, auf die eine oder andere Weise interessant und attraktiv zu werden.

Genauso ist es, wenn man Kunst sammelt. Zunächst musste ich mir eine Menge Kunst ansehen – bewegend, herausfordernd, unangenehm, verführerisch, amüsant, unterstützend, fordernd, sonderbar und kaum begreiflich. Jahrelang besuchte ich Galerien und Museen. Und dann, als ich mir eine gewisse Kenntnis angeeignet hatte, musste ich Geld beschaffen, um Kunst kaufen zu können. Ich musste auch viel lesen und mich bei Galeristen und Künstlern vorstellen – um allmählich zu einem Punkt zu gelangen, an dem ich zu verstehen begann, was Qualität kennzeichnet. Es gab eine große Leinwand zu bleichen. Die Qualität der Kunst ist wie die Qualität eines guten Romans: Etwas wird ausgedrückt, etwas bleibt unerklärt. »Vertrauen Sie Ihrem eigenen

Instinkt, wenn Sie Kunst kaufen – und gehen Sie nie Kompromisse auf Kosten der Qualität ein«, war der Rat des legendären Schweizer Kunsthändlers Ernst Beyeler an die Sammler. »Eines schönen Tages werden Sie erleben, dass die große Kunst Sie jagt, nicht umgekehrt.«

Im Vorwort zur dreiundsiebzigsten Auflage der amerikanischen Ausgabe von *Man's Searching for Meaning* schreibt Viktor E. Frankl darüber, wie er das Buch innerhalb von neun aufeinanderfolgenden Tagen geschrieben hat. Er wollte, möglichst anonym, einfach ein Buch darüber schreiben, dass jedes Leben, selbst in den schlimmsten Situationen, sinnvoll sein kann. Das Buch wurde zur Überraschung des Autors ein Bestseller. Vielleicht gerade, weil es nicht seine Motivation war. Ich glaube es. Frankl wollte einfach ein gutes und wichtiges Buch schreiben: »Mit dem Erfolg ist es wie mit dem Glück: Man kann ihm nicht hinterherjagen. Es ist etwas, das kommt ...« Für Frankl war der Erfolg nichts anderes als eine Nebenwirkung seines Engagements für eine Sache, die weit größer war als er selbst, und der Erfolg verfolgte ihn, weil er »vergessen hatte, daran zu denken«.

Es gibt keine Zauberformel, um seine Ziele zu erreichen, aber ich persönlich finde immer, dass es eine Hilfe ist, an frühere Ambitionen zu denken, sowohl an die, die sich nie erfüllt haben – wie damals, als ich von dem Mädchen abgewiesen wurde, mit dem ich gern zusammen gewesen wäre; als ich beinahe im Atlantik ertrank oder als Börsenspekulant versagte, weil ich schnell Geld verdienen wollte, ohne zu wissen, wie die Börse funktioniert –, als auch an die, aus denen etwas geworden war. In der Theorie ist das Rezept ziemlich einfach: Die Male, in denen ich an der höchsten Stelle über den Zaun gehüpft bin oder mir die Zeit genommen habe, den längeren, aber interessanteren Weg zu gehen, sind das Ziel oder die Ziele häufig näher gerückt, beinahe von allein.

Richard Prince
Untitled (Silver pool float), 1995

Warum ich noch immer träume, wenn ich wach bin

1985, nach vierundzwanzig Partien, gewann Garri Kasparow gegen Anatoli Karpow und wurde der jüngste Weltmeister im Schach. Eine der ersten Personen, mit der er nach dem Sieg sprach, war Rona Petrosian, die Witwe des ehemaligen Weltmeisters Tigran Petrosian.

»Du tust mir so leid«, sagte sie, »weil der schönste Tag in deinem Leben vorbei ist.«

Kasparow hatte, dank seines Talents, des zielbewussten Trainings und einer überfürsorglichen Mutter, die ihn von allen Versuchungen fernhielt, im Alter von zweiundzwanzig Jahren erreicht, was sein absolutes Ziel im Leben war. Er hatte erwartet, unglaublich glücklich zu sein, aber schon bald war er ratlos. Was nun? Kasparow brauchte ganz einfach einen neuen Traum. Er beschreibt es als das »Dilemma des Gewinners«. Schach ist ein raffiniertes Spiel: Nach drei Eröffnungszügen ergeben sich neun Millionen mögliche Positionen. Aber jedes Leben enthält weit mehr Möglichkeiten als ein Schachbrett.

Magnus Carlsen wurde 2013 Weltmeister im Schach. Kurz bevor er den Titel gewann, erschien in meinem Verlag ein Buch über seine Karriere. Während der Arbeiten an dem Buch fragte ich ihn nach seinen Erwartungen; wie glaubte er, seine Motivation aufrechterhalten zu können, nachdem sich immer mehr Ziele für ihn erfüllten. Carlsen hatte keine rechte Antwort auf die Frage. Im März 2019, nach mehreren Weltmeisterschaften, stellte ich ihm die Frage erneut. Diesmal hatte er eine Antwort. »Mich motiviert das Lernen. Es gibt beim Schach noch immer viel, was ich nicht kann.« Interessanterweise fragt er sich, ob es von Vorteil ist, mehr zu lernen. »Ich weiß nicht, ob es dazu führt, dass ich besser spiele.« Es kann zu viel Wissen geben. Ich hatte den Eindruck, dass er den Gedanken komisch fand, wie wenig er vor sechs Jahren von dem Spiel verstand, als er zum ersten Mal Weltmeister wurde.

Das Problem von vielen meiner Kollegen in der »Expeditionsbranche« ist, dass ihre Ambitionen immer nur auf ein Ziel gerichtet sind: einen Gipfel, einen Ort – ein bisschen wie Garri Kasparow, der lange nur daran dachte, Weltmeister zu werden. Damit riskieren sie, das gleiche Gefühl von Verlust zu erleben wie er, nachdem er sein Ziel erreicht hatte. Ich weiß nicht, wie oft ich von der Leere gehört habe, die Abenteurer empfinden, wenn sie ihr Ziel erreicht haben – die Anspannung bis zum Ziel und dann der Abstieg, wenn es nichts mehr gibt, wonach man sich strecken kann. Ich erinnere mich selbst an das Gefühl, als ich vom Südpol kam, am Ende des Regenbogens zu stehen und beinahe vergessen zu haben, dass es noch andere Träume gibt.

Es war wichtig, mir neue Ziele zu setzen. Der norwegische Philosoph Peter Wessel Zapffe schreibt über etwas, das man das Dilemma der Abenteurer nennen könnte: Das Leben eines Abenteurers muss tragisch enden; jedes Mal, wenn er oder sie eine Großtat vollbracht haben, wollen die Leute mehr, und früher oder später ist der Abenteurer entweder nicht mehr in der Lage dazu, oder er hat keine Lust, es noch einmal zu versuchen. Es dauert nicht lange, bis er fast vergessen ist, so wie es auch mit Roald Amundsen nach seinen Expeditionen der Fall war. Oder der Abenteurer versucht sich an einer noch größeren Herausforderung als beim letzten Mal und scheitert. Oder er beginnt wie Lance Armstrong zu betrügen, um seine Tat noch spektakulärer aussehen zu lassen.

Der Mount Everest, der dritte Pol, war mein Ziel – ich wollte der Erste sein, der alle drei äußersten Punkte erreicht hatte. Ich finde, Erlebnisse in der Natur müssen von diesen Ereignissen handeln, nicht von Rekorden, aber wenn es um ein Ziel wie den Everest geht, ist die eigentliche Leistung ein wesentliches Motiv, obwohl es für Abenteurer einfacher ist, über die Aussicht, das Klima, den Umweltschutz oder das kulturelle Verständnis als Antriebskraft zu sprechen. Für mich ist jedenfalls klar: Wenn es mir in erster Linie um die Aussicht gegangen wäre, hätte ich mich mit einem Gipfel direkt neben dem Everest begnügen können. Es wäre sehr viel billiger und weniger anstrengend gewesen und ich hätte eine ähnlich großartige Aussicht genossen. Außerdem hätte ich den höchsten Berg der Welt aus der Nähe gesehen.

Nachdem ich den Everest bestiegen hatte, wusste ich tief in meinem Inneren, dass ich weiterkommen musste. Ich war kurz davor, alle Abenteuer, von denen ich geträumt hatte, erlebt zu haben. Ich wusste, dass ich nicht aufhören würde, auf Touren zu gehen, aber dass ich weniger spektakuläre Dinge tun und weniger Zeit unter freiem Himmel verbringen würde. Dann geschah es beinahe von allein, dass ich zum ersten, zweiten und dritten Mal Vater werden sollte. Es war eine enorme Überraschung. Ein Traum ging in Erfüllung, der wiederum unzählige neue Träume und Visionen hervorbrachte. Scherzhaft habe ich meine Rolle als Vater als »den vierten Pol« bezeichnet. Es war zumindest derjenige, der am einfachsten zu erreichen war, der aber hinterher die meiste Zeit in Anspruch nahm.

Im Winter 2005 war ich mit einem Freund in Kopenhagen. Eines Morgens waren wir auf dem Weg zum Rathausplatz. Es war bitterkalt, und wie gewöhnlich um diese Zeit standen ein paar Obdachlose vor dem Bahnhof und froren. Einer von ihnen kam auf mich zu, um mir die Obdachlosenzeitung *Hus forbi* zu verkaufen. Der Verkäufer bekommt die Hälfte der Einnahmen. Wir hatten Zeit, blieben stehen und unterhielten uns mit ihm. Er fror und schimpfte auf die Gesellschaft, die ihn seiner Ansicht nach im Stich gelassen hatte, aber dennoch hatte er gute Laune. Ich hatte keineswegs das Gefühl, im Stich gelassen worden zu sein, eher im Gegenteil, aber wie so oft, wenn ich Menschen kennenlerne, überraschte es mich, wie ähnlich wir uns waren – in der gleichen Ecke der Welt geboren, neugierig, mit ähnlichem Humor und ungefähr gleichaltrig –, obwohl wir vollkommen verschiedene Leben führten.

Ich kaufte eine Ausgabe der Obdachlosenzeitung. Auf den ersten Seiten gab es einen Artikel über Träume – und darüber, wie schwer wir uns tun, unsere Träume in Worte zu fassen, und wie wichtig es ist, es dennoch zu versuchen. Der Artikel beschrieb eine Untersuchung, bei der viele obdachlose Drogenabhängige nach ihren Träumen befragt worden waren. »Was ist dein Traum?« Die meisten antworteten, sie hätten überhaupt keine Träume. Ich verstand gut, warum jemand in ihrer Situation es so empfand. Ich finde es hin und wieder auch schwierig, die eigenen Träume zu konkretisieren. Aber es war der letzte Satz des Artikels, der sich tatsächlich bei mir festsetzte: *O ja, du träumst. Träum weiter, sei so nett.*

Als Abenteurer denke ich oft, dass niemand etwas wirklich sicher wissen kann. Ich weiß nicht, welche Gipfel plötzlich auftauchen können, die ich aus freien Stücken oder unter einem gewissen Druck besteige – oder ganz einfach darauf pfeife. Ich glaube, die Träume und die Neugierde auf die Welt um mich herum halten mich in Bewegung, egal, wo ich mich befinde und welchen Weg ich wähle. Und ich versuche, an meiner eigenen Philosophie festzuhalten, solange es geht, obwohl ich manchmal wankelmütig bin und es vermutlich auch weiterhin sein werde. Von allen Regeln, die ich mir im Laufe der Jahre als Abenteurer selbst auferlegt habe, gibt es zwei, die ich nach wie vor einzuhalten versuche.

Erstens: Sei freundlich. Selbst auf einer Solo-Expedition bist du abhängig von dutzenden Helfern – von denen, die deine Stiefel, das Zelt, den Schlafsack und den Anorak nähen, von den Ernährungsberatern, die sich um dein Essen kümmern, von den Sponsoren. Freundlich zu sein ist das Vernünftigste, was du tun kannst, und wenn dein Leben möglicherweise von anderen Menschen abhängt, ist es dumm, sie nicht alle gut zu behandeln.

Die andere ungeschriebene Regel ist eine, die in Norwegen in den Bergen und im Wald gilt: Du sollst einen Lagerplatz oder eine Hütte so hinterlassen, wie du sie vorgefunden hast, oder gar in einem noch besseren Zustand. Ich finde, das ist die beste Regel, die wir in Norwegen haben. Das Einzige, was du hinterlassen musst, ist Dankbarkeit. Dankbarkeit dafür, dass du eine Pause machen konntest, und dafür, dass du unterwegs bist. Die besten Erlebnisse des Lebens sind nicht von Dauer. Denk nicht zu viel, wenn du weitergehst. Sieh dich um und hinauf zum Himmel – zur Sonne, zu den Sternen – und hör der Umgebung zu. Dem Regen, der fällt, deinem Fuß, der durchs feuchte Moos geht – und der Stille. Frag dich selbst: Wo bin ich jetzt?

Danke. Genau hier.

Ceal Floyer
Wish You Were Here, 2008

Danksagung

Tausend Dank an: Joakim Botten, Petter Skavlan, Gabi Gleichmann, Nick Baylis, Kristin Brandtsegg Johansen, Lars Fr. H. Svendsen, Morten A. Strøksnes, Nina Ryland, Unni Lindell, Knut Olav Åmås, Astrid de Vibe, Lars Lenth, Espen Røysamb, Guro Solberg, Rosanna Forte, Aslak Nore, Yonca Dervisoglu und Arne Næss für ihre Hilfe bei dem Text, Andrea Engel, meine Lektorin Susanne Gretter, meinen Verleger Jonathan Landgrebe, Ulrich Sonnenberg für die Übersetzung und alle Kolleginnen und Kollegen des Kagge Verlags.

Dank auch an die Freunde auf verschiedenen Expeditionen: die Atlantiküberquerung mit der *Jeanette IV* 1983 und 1984: Hauk Wahl, Morten Stødle (Morten verletzte sich und konnte auf der Rückreise nicht dabei sein) und Arne Saugstadt; der Marsch zum Nordpol 1990 mit Børge Ousland und Geir Randby (Geir bekam nach zehn Tagen einen Bandscheibenvorfall und musste abbrechen); die Besteigung des Mount Everest 1994: Ang Dorje, Nima Gombu, Norbu, David Keaton, Hall Wendel, David Taylor, Ekke Gundelach, Hellmut Seitzl, Kami Tenzing Sherpa, Ed Viesturs und der einzigartige Rob Hall, der am 10. Mai 1996 zum letzten Mal unter dem Gipfel schlief; zum Vatnajökull auf Island 2010: Haraldur Ørn Olafsson und Børge; und New York 2010 mit Steve Duncan und anderen, die im Laufe des Fußmarsches kamen und gingen.

Literaturliste

HÖR DER NATUR ZU

Whittel, Gilles: *Snow: The Biography.* London 2018, Short Books Ltd.

OPTIMISMUS IST EINE FRAGE DES TRAININGS

Seligman, Martin: *Learned Optimism: How to Change Your Mind and Your Life.* New York 1990, A. A. Knopf.

TIME Magazine, 7. Februar 2005.

Zen-Geschichten finden sich an diversen Stellen im Internet, darunter ein Artikel des Autors Robert Heller: »Commitment: Zen and the art of management«.

Paul, Vivek: »Don't limit Yourself by Past Expectations«, in: Fortune, 21. März 2005.

ES IST DENNOCH HÄUFIG MÖGLICH

Berton, Pierre: *The Arctic Grail. The Quest for the Northwest Passage and the North Pole 1818-1909.* Canada 2001, Anchor Canada. Dieses Buch enthält die Geschichte der *Polaris* und eine Reihe anderer ebenso guter Geschichten aus dem Eis.

Dogtown and Z-Boys, Columbia Tristar Hom, 2001.

Næss, Arne: *Hvor kommer virkeligheten fra? – samtaler med Arne Næss.* Oslo 2000, Kagge Forlag.

Die Informationen über Peter Benenson entnahm ich dem Nekrolog in *The Economist*, 5. März 2005.

MUT LÄSST SICH NICHT IN EINER THERMOSKANNE AUFBEWAHREN

Miller, William Ian: *The Mystery of Courage.* London 2000, Harvard University Press.

Skårderud, Finn: *Uro. En reise I det moderne selvet.* Oslo 2003, Aschehoug.

ES DARF RUHIG EIN BISSCHEN GEFÄHRLICH SEIN

Gillman, Peter (Hg.): »The Great Mystery, Tenzing Norgay«, in: *Everest. From Eighty Years of Human Endeavour.* Boston 2001, Little, Brown and Company. Im Buch wird die Geschichte von Tenzing Norgay erzählt.

Nansen, Fridtjof: *Eventyrlyst.* Redigering og forord av Erling Kagge. Oslo 2001, Kagge Forlag. Nansens Betrachtungen über Amundsen stehen in Nansens Erinnerungen an ihn.

Taylor, Charles: *Sources of the Self: The Making of the Modern Identity.* Cambridge 1989, Cambridge University Press.

New York Times, 24. Juli 2019: *Neil Armstrong's Death, and a Stormy, Secret $ 6 Million Settlement.*

Auf Sizilien sprach ich im Sommer 2018 mit Lewis Hamilton über das Einfahren in eine Kurve.

BIN ICH JETZT GLÜCKLICH?

Aristoteles: *Den nikomakiske etikk.* Oversatt av Øyvind Rabbås und Anfinn Stigen, med en innledende essay av Trond Berg Eriksen. Oslo 1999, Bokklubben Dagens Bøker.

Guyer, Paul (Hg.): *The Cambridge Companion to Kant*. Cambridge 1992, Cambridge University Press.

Hamsun, Knut: *Unter Herbststernen. Gedämpftes Saitenspiel. Die letzte Freude*. Deutsch von J. Sandmeier und S. Angermann, München 1989, Deutscher Taschenbuch Verlag, Seite 258.

Seneca: *Von der Kürze des Lebens*. Aus dem Lateinischen von Otto Apelt. Mit einem Nachwort von Christoph Horn. München 2005, C.H. Beck/dtv, S. 13, 28, 61.

Mill, John Stuart: *Utilitarianism*. Oxford 1998, Oxford University Presse. Mill erklärt auch, dass du am Ende glücklich sein wirst, wenn du dich wiederholt fragst, ob du glücklich bist.

Montaigne, Michel de: *Essais*. Erste moderne Gesamtübersetzung von Hans Stilett. Frankfurt am Main 1998, Eichborn. Die Geschichte von Sokrates stammt aus dem Essay »Über die Erfahrung«.

Science, 3. Dezember 2004.

Das Zitat »Ich bin entweder glücklich oder unglücklich, das ist alles« stammt aus einer Tagebuchnotiz Ludwig Wittgensteins vom 8. Juli 1916. Wiedergegeben ist sie im »Nachlass-Manuskript« Nr. 103. Der Text wurde posthum publiziert in: Wittgenstein, Ludwig: *Tagebücher 1914-1916*. Herausgegeben von G. H. von Wright und G. E. M. Anscombe. Frankfurt am Main 1960, Suhrkamp.

DIE GUTE EINSAMKEIT

Svendsen, Lars F. H.: *Ensomhetens filosofi*. Oslo 2015, Universitetforlaget.

Schyffert, Bea Uusma: *The Man Who Went to the Far Side of the Moon*. San Francisco (1999) 2003, Chronicle Books.

DIE KUNST, KLEINE HÄPPCHEN ZU ESSEN

Kant, Immanuel: http://archiv-swv.de/pdf-bank/Kant,%20Immanuel%20-%20Kritik.der.Urteilskraft.pdf. § 26: Von der Größenschätzung der Naturdinge, die zur Idee des Erhabenen erforderlich ist.

NIEDERLAGEN AKZEPTIEREN

Armstrong, Lance und Jenkins, Sally: *Jede Sekunde zählt*. Aus dem amerikanischen Englisch von Thomas Pfeiffer. München 2005, Wilhelm Goldmann Verlag, S. 12.

Baylis, Nick: »On the science of happiness«, in: *The Times*, 18. Dezember 2004.

Heller, Robert und Carling, Will: *The Way to Win. Strategies for Success in Business and Sport*. Boston 1995, Little, Brown and Company. Das Buch enthält einige amüsante Passagen über Daley Thompson.

Schyffert, Bea Uusma: *The Man Who Went to the Far Side of the Moon*. San Francisco (1999) 2003, Chronicle Books.

Fridtjof Nansens Aussage über Erfahrung hat er von dem schottischen Philosophen und Historiker Thomas Carlyle (1795 – 1881) übernommen.

Hölderlin, Friedrich: *Hyperions Jugend*, in: Friedrich Hölderlin, *Sämtliche Werke und Briefe in drei Bänden*. Herausgegeben von Jochen Schmidt. Band 2. Frankfurt am Main 1994. Deutscher Klassiker Verlag. S. 222.

Foster Wallace, David: *Das hier ist Wasser*: http://www.wfelix.org/wallace.html

NUR WER SICH SELBST EINE BÜRDE AUFERLEGEN KANN, IST FREI

Frankl, Viktor Emil: *Man's Search for Meaning*. London 1997, Simon & Schuster.

Frankl, Viktor Emil: *Wer ein Warum zu leben hat: Lebenssinn und Resilienz*. Weinheim 2017, Beltz Verlag, S. 9. Frankl bezieht sich auf ein Zitat Friedrich Nietzsches: »Hat man sein w a r u m? des Lebens, so verträgt man sich fast mit jedem w i e?« (aus: *Götzen-Dämmerung*: Sprüche und Pfeile, § 12, 1888).

Guyer, Paul (Hg.): *The Cambridge Companion to Kant*. Cambridge 1992, Cambridge University Press.

Shakespeare, William: *Hamlet*, in: *Shakespeares sämtliche dramatische Werke*. Übersetzt von Schlegel und Tieck. 6. Band. Leipzig o.J., Gustav Fock Verlag, S. 16.

Die Geschichte des Lottogewinners wurde von Professor William Ziemba erzählt und von Tim Harford in der *Financial Times* wiedergegeben: »Resolving readers Dilemmas with the tools of Adam Smith«.

LASS DICH VOM ZIEL VERFOLGEN

Beyeler, Ernst und Mory, Christophe: *Ernst Beyeler. A Passion for Art*. Zürich 2011, Scheidegger & Spiess.

Coutu, Diane L.: »Strategic Intensity. A Conversation with World Chess Champion Garry Kasparov«, in: *Havard Business Review*, April 2005.

Frankl, Viktor Emil: *Man's Search for Meaning*. London 1997, Simon & Schuster.

Diverse Stellen im Netz verweisen auf Mullah Nasreddin.

WARUM ICH NOCH IMMER TRÄUME, WENN ICH WACH BIN

Coutu, Diane L.: »Strategic Intensity. A Conversation with World Chess Champion Garry Kasparov«, in: *Havard Business Review*, April 2005.

Honderich, Ted (Hg.): *The Oxford Companion to Philosophy*. New York/Oxford 1995, Oxford University Press.

Hus forbi, Nr. 38, Februar-März 2005.

Zapffe, Peter Wessel: aus: »Kvalificerende katastrofer bestemmelse av det objektivt tragiske«, in: *Om det tragiske*, Oslo (1941) 1996, Pax Forlag.

Einen Lagerplatz immer im gleichen oder besseren Zustand, als man ihn vorfand, zu hinterlassen, ist nicht nur eine norwegische Idee. Laut dem französischen Autor Sylvain Tesson in seinem Buch *Constellations of the Forest* (Rizzoli Ex Libris 2013) gab Robert Baden-Powell einen ähnlichen Rat: »When through with a campsite, take care to leave two things behind. First nothing, Secondly: your thanks.« Tesson schlägt in seinem Buch vor, dass dies zu einer universellen Idee werden sollte. Das finde ich auch. Der guten Ordnung halber: Ich habe das Zitat nirgendwo sonst als in diesem Buch gefunden, obwohl ich danach gesucht habe.

Diese Liste ist nicht ganz komplett, aber soweit es möglich war, habe ich die Bücher, Zeitungen und Zeitschriften aufgeführt, die mich zu meinen Überlegungen und Gedanken inspiriert haben. Außerdem habe ich meine eigenen Bücher in mehreren Kapiteln als Quellenmaterial verwendet:

Kagge, Erling: *Nordpolen. Det sidste kappløpet*. Oslo 1990, Cappelen.
Kagge, Erling: *Alene til Sydpolen*. Oslo 1993. Cappelen.
Kagge, Erling: *På eventyr*. Oslo 1994. Damm.
Kagge, Erling: *Stille. Ein Wegweiser*. Aus dem Norwegischen von Ulrich Sonnenberg. Berlin 2017. Insel Verlag.
Kagge, Erling: *Gehen. Weiter gehen. Eine Anleitung*. Aus dem Norwegischen von Ulrich Sonnenberg. Berlin 2018. Insel Verlag.

Abbildungen

Viele Fotos in diesem Buch sind von mir, entstanden auf den Expeditionen im Laufe der Jahre (S. 13, 30, 107, 117, 118, 132-133, 139, 149, 152). Für die übrigen Abbildungen bedanke ich mich sehr bei:

Seite 5	Ceal Floyer: *Snow Globe*, 2017. Mit Erlaubnis der Künstlerin und Esther Schipper, Berlin. Foto © Andrea Rossetti
Seite 24-25	Mary Evans Picture / NTB scanpix
Seite 34	Lars Ebbesen
Seite 40	Karen Kilimnik: *Iceberg Ahead!*, 2002. Dank an die Galerie Eva Presenhuber, Zürich; 303 Gallery, New York; Sprüth Magers, Berlin, London
Seite 50	David Keaton
Seite 54-55	Ronald Grant / Mary Evans Picture / NTB scanpix
Seite 64	Gedruckt mit Erlaubnis des Grenna Museum – Andréexpedition Polarcenter
Seite 66-67	Børge Ousland
Seite 68	Børge Ousland
Seite 74	Rob Hall
Seite 77	Alex Kwartler: *Pink Matterhorn*, 2004. © Alex Kwartler, Courtesy John Conelly Presents
Seite 87	Børge Ousland

Seite 98-99	Kjell Ove Storvik
Seite 112-113	Børge Ousland
Seite 125	NASA Image Collection
Seite 127	Lars Ebbesen
Seite 147	Børge Ousland
Seite 158	Roald Amundsen / Public Domain
Seite 162	Richard Prince: *Untitled (Silver pool float)*, 1995. Mit Erlaubnis des Künstlers. Foto: Ina Hagen
Seite 166-167	Børge Ousland
Seite 172	Ceal Floyer: *Wish You Were Here*, 2008. Mit Erlaubnis der Künstlerin und Esther Schipper, Berlin. Foto © Nick Ash

Unterwegs zu dir selbst

»Das Leben ist ein langer Fußmarsch«, sagt Kagge, einer der größten Abenteurer unserer Zeit. Er war am Nordpol und Südpol, hat den Mount Everest bestiegen, aber er war auch tagelang zu Fuß in Los Angeles unterwegs und ist hinabgestiegen in die Unterwelt Manhattans. Gemeint sind nicht nur riskante Märsche über Gletscherspalten, es kann auch der Spaziergang durch den städtischen Park sein. Der Effekt ist derselbe: Unsere Gedanken beginnen zu fließen, unser Kopf wird klar, äußere und innere Welt gehen ineinander über, wir werden eins mit der Welt – im Gehen.
Der Abenteurer und Weltenwanderer Erling Kagge hat sich auf eine meditative Reise begeben, Philosophen, Autoren und Weggefährten befragt und mit seinen Füßen die Welt ausgeschritten und vergrößert. Das können wir auch. Denn »alle Menschen sind geborene Entdecker«.

»Ein verblüffendes, kluges, an Querbezügen reiches Buch, das man sich, nun ja, keineswegs entgehen lassen sollte.« *Kleine Zeitung*

Erling Kagge, Gehen. Weiter gehen. Eine Anleitung. Aus dem Norwegischen von Ulrich Sonnenberg. insel taschenbuch 4791. 160 Seiten.

NF 506/1/04.21

Stille ist der neue Luxus

Der Weltwanderer Erling Kagge musste weit gehen, um ein Gut zu finden, das in unserer Zeit immer wichtiger wird: Stille. Auf seinen Expeditionen – zum Süd- und zum Nordpol, auf den Mount Everest – hat er sie gefunden. Aber ist Stille auch in der Stadt zu erfahren? Im turbulenten Oslo, wo er lebt? Ja, wenn man bereit ist, die Welt auszusperren und eine Reise in sein Inneres anzutreten, kann man auch dort, wo es laut ist, »seinen eigenen Südpol finden«, denn »Stille ist überall«.
»Stille ist der neue Luxus. Stille enthält eine Qualität, die exklusiver und beständiger ist als jeder andere Luxus.«

»Der Text begibt sich auf die Spur eines Mysteriums, ohne es festzuschreiben. Wer ihm folgt, erfährt die Stille selbst ... « *NZZ am Sonntag*

»*Stille* ist eine Ermutigung, sich Inseln im Alltag zu schaffen. ... Ein sehr zeitgemäßes Buch.« *Stern*

Erling Kagge, Stille. Ein Wegweiser. Aus dem Norwegischen von Ulrich Sonnenberg. insel taschenbuch 4746. 144 Seiten.

NF 505/1/04.21

NF 507/1/04.21

NF 503/1/04.21

NF 504/1/04.21

Der etwas andere Reiseführer – alles, was Sie schon immer über Norwegen wissen wollten

Der Erfolgsautor Per Egil Hegge erklärt in *Norwegen von A bis Ø*, wie die Norwegerinnen und Norweger ticken und wie das Land wirklich ist – auf ebenso pointierte wie unterhaltsame Art. Hygge, Fjord, Holmenkollen, Ferienhütte, Skifahrer, Braunkäse … Wissen Sie auch, was ein »Freiluftpils« ist? Oder ein »Lutefisk«? Was typisch norwegisch ist, bringt Per Egil Hegge anhand dieser und zahlreicher weiterer Beispiele auf den Punkt. Er klärt auf über Ursprung, Herkunft und Bedeutung sprachlicher Phänomene und Begriffe, die die moderne norwegische Gesellschaft ausmachen. Neben Natur, Essgewohnheiten und Sport geht es auch um »Ölreichtum« und »Wohlfahrtsstaat«, aber auch um weniger selbsterklärende Dinge wie das »Grilldress«, »Hjallis« oder die »Harrytour«. So entsteht ein breites Panorama von Sprache, Land und Leuten – unverzichtbar für alle Norwegen-Kenner*innen und solche, die es werden wollen.

Per Egil Hegge, Norwegen von A bis Ø. Aus dem Norwegischen von Stefan Pluschkat und Nora Pröfrock. insel taschenbuch 4699. 230 Seiten.

NF 456/1/3.19